BEAUCOUP DE BRUIT POUR RIEN

Much Ado About Nothing

*Du même auteur
dans la même collection*

ANTOINE et CLÉOPÂTRE (édition bilingue).
LE CONTE D'HIVER (édition bilingue)
LES DEUX GENTILSHOMMES DE VÉRONE. LA MÉGÈRE APPRIVOISÉE. PEINES D'AMOUR PERDUES.
HAMLET (édition bilingue).
HENRI V (édition bilingue avec dossier).
MACBETH (édition bilingue).
MACBETH (édition avec dossier).
LE MARCHAND DE VENISE (édition bilingue).
LE MARCHAND DE VENISE. BEAUCOUP DE BRUIT POUR RIEN. COMME IL VOUS PLAIRA.
LA MÉGÈRE APPRIVOISÉE (édition bilingue).
LA NUIT DES ROIS (édition bilingue).
OTHELLO
OTHELLO. LE ROI LEAR. MACBETH.
RICHARD III. ROMÉO ET JULIETTE. HAMLET.
LE ROI LEAR (édition bilingue).
ROMÉO ET JULIETTE.
ROMÉO ET JULIETTE (édition bilingue).
LE SONGE D'UNE NUIT D'ÉTÉ (édition bilingue).
LE SONGE D'UNE NUIT D'ÉTÉ. LES JOYEUSES COMMÈRES DE WINDSOR. LE SOIR DES ROIS.
LA TEMPÊTE (édition bilingue).
TITUS ANDRONICUS. JULES CÉSAR. ANTOINE ET CLÉOPÂTRE. CORIOLAN.

SHAKESPEARE

BEAUCOUP DE BRUIT POUR RIEN

Much Ado About Nothing

*Traduction
par* Marcelle Sibon

*Édition
de* T.W. Craik

*Bibliographie
par* Sophie Chiari

GF Flammarion

© Flammarion, 1991, Paris, pour cette édition
Édition mise à jour en 2016
ISBN : 978-2-0813-7940-4

PRÉFACE
PAR T. W. CRAIK

Beaucoup de bruit pour rien a été considéré par la majorité des critiques comme un échec, bien qu'il y ait des différences d'opinion quant à la nature et à l'importance de cet échec. Les personnages et l'intrigue semblent en contradiction, tel est le reproche qui revient presque tout le temps, ou qui est du moins sous-entendu. De ce point de vue, le commentaire de John Palmer est typique : « Que devait faire Shakespeare ? Si tout le monde s'était conduit correctement, la scène du mariage de Héro aurait été impossible. Claudio et Don Pédro sont sacrifiés au profit de vacances siciliennes. » Ils ne sont pas seulement sacrifiés là, continue-t-il, mais aussi dans la rencontre avec Léonato et Antonio, « dans leur façon de tourner Bénédict en dérision quand il lance son défi », et surtout dans les excuses sans grâce qu'ils font à Léonato quand Borachio avoue le stratagème qui les a trompés. « Mais on ne saurait soutenir que Claudio n'est pas à sa place. Shakespeare l'a soigneusement conçu pour le rôle ignoble qu'il doit remplir [1] ! »

Parfois les critiques expliquent l'échec de la pièce par un manque d'harmonie entre l'élément romanes-

---

1. Palmer : *Comic Characters of Shakespeare*, Londres, 1946, p. 112-113.

que et l'élément comique. C'est, par exemple, la thèse de E. C. Pettet : « En premier lieu, il semble que Shakespeare ait fait l'erreur de choisir une histoire romanesque qui ne se prêtait pas à un traitement comique. De plus, poursuit-il, Shakespeare a mal combiné les différents éléments de sa pièce : L'un des secrets de son succès en mêlant le romanesque au comique avait été jusque-là de permettre à l'humour et à l'esprit de s'exercer librement dans la partie romanesque de ses comédies, le comique consistant alors à se moquer des extravagances de l'amour romanesque. C'est même la méthode employée dans la première partie de *Beaucoup de bruit pour rien*. Mais l'humour qui subsiste dans la seconde partie (à l'exclusion, évidemment, de la scène finale) n'est plus qu'un élément étranger : c'est l'épisode comique de Cornouille et de Verjus qui n'est là que pour détendre l'atmosphère. L'introduction du personnage essentiellement comique qu'est Bénédict dans ces scènes qui frôlent le tragique ne fait qu'ajouter à notre incrédulité, et l'acteur qui joue le rôle de Bénédict doit alors dépenser des trésors d'ingéniosité. » Pettet accorde toutefois que les deux derniers actes contiennent des « scènes sérieuses » qui, bien qu'artificielles et forcées, « sont en même temps chargées d'une émotion puissante et vraisemblable [1] ».

Il y a sans doute des dissonances dans *Beaucoup de bruit pour rien* et la pièce n'est pas sans défauts, mais il nous semble qu'on se trompe en général (et l'erreur est si répandue qu'elle devient une sorte d'idée préconçue) en ce qui concerne les intentions de Shakespeare, en particulier dans les deux derniers actes. Cette erreur d'interprétation affecte, dans une plus ou moins grande mesure, tous les principaux personnages de la pièce et, en proposant une interprétation différente, nous espérons montrer que la distribution du comique

---

1. Pettet : *Shakespeare and the Romance Tradition*, Londres, 1949, pp. 132-134.

et du sérieux est beaucoup plus complexe qu'on ne l'entend ordinairement.

En ce qui concerne les personnages, l'interprétation généralement adoptée fausse la pièce en plaçant mal l'accent. La plupart des critiques, en effet, blâment la crédulité de Claudio et sa réputation publique de Héro, et la plupart d'entre eux justifient les invectives que Béatrice lance contre Claudio, ou, pour être plus exact, ils ne reconnaissent pas que ces invectives ne sont pas justifiées. Dans la scène du défi, ils respectent le courage de Bénédict. En réalité, Claudio est exonéré d'abord parce que Don Juan, assumant le rôle du scélérat de la pièce, attire sur lui tous les reproches et ensuite parce que Don Pédro, qui jusque-là a représenté l'homme normal et plein de bon sens, s'est lui aussi laissé tromper. Mais le fait que Don Pédro soit plongé dans l'erreur rend nécessaire la création d'un nouveau centre de référence et c'est le frère François qui se trouve chargé de ce rôle. Le plan sur lequel il se meut est caractérisé par un état d'équilibre entre la raison et l'émotion, équilibre auquel il atteint par un emploi méthodique de l'intuition : il a bien « étudié la dame », comme il le dit. C'est par rapport à ce plan que les actions des autres personnages doivent dorénavant être jugées. L'intuition de Béatrice est juste relativement à l'innocence de Héro, mais fausse relativement à la culpabilité de Claudio, et cela parce que son jugement n'est pas fondé sur la raison. Léonato, lui, n'a ni raison ni intuition pour le guider et ne fait qu'osciller entre des passions violentes qui le tirent de divers côtés. Antonio ressemble à Léonato, mais il est plus comique en ceci qu'il se prend pour un conseiller avisé. Claudio et Don Pédro, ayant considéré le témoignage de leurs yeux comme la vérité absolue, pensent se conduire fort raisonnablement alors qu'ils sont en train de construire avec une belle confiance dans le vide. Bénédict, qui lance le défi, a lui-même un comportement assez absurde : il a laissé la conviction purement affective de Béatrice concernant la culpabilité de Claudio l'emporter sur sa propre certitude, très

logique, que c'est Don Juan le véritable coupable[1]; en cédant de cette façon, il s'éloigne davantage encore du point de vue hérétique qui était le sien à l'origine et il devient un exemple frappant du pouvoir de l'amour sur des victimes qui résistent bien en vain. Finalement on voit se développer en lui, dans son empressement d'obéir à tous les désirs de sa dame, une sorte de chevalerie déraisonnée. En fait, les deux derniers actes ne cessent d'affirmer le caractère inadéquat d'une conduite purement affective ou purement rationnelle en face de l'erreur.

La pièce est, en un sens, une comédie des erreurs. Son thème est le suivant : « L'amour ne suit jamais un cours régulier » et c'est par des erreurs, soit spontanées, soit résultant d'une tromperie volontaire, que l'amour voit son cours dévier. Don Juan, par deux fois, engendre lui-même l'erreur en exploitant les possibilités de tromperie qu'offrent les apparences : au bal masqué et devant la fenêtre de Héro. La technique même de la pièce, qui emploie au moins cinq fois le procédé de la conversation surprise, un déguisement voulu (celui de Marguerite) et plusieurs rencontres masquées, souligne assez le thème des erreurs nées du jeu des apparences. La comédie des instructions de Cornouille au guet semble exister pour elle-même et ne pas contribuer à la pièce dans son ensemble[2]. Par contre, l'introduction très élaborée de Borachio à sa propre histoire se rattache étroitement au thème de l'erreur, thème qui, dans son cas, est toujours lié à la dissimulation. Borachio insiste sur la différence entre l'habit et celui qui le porte et il expose le complot de

---

1. Tout au long de la pièce, la prose de Don Juan, avec sa composition d'un euphuïsme élaboré, suggère que la haine aveugle qu'il a pour tous les autres s'accompagne d'une recherche systématique de la méchanceté.

2. Bien que, comme le note Palmer, la stupidité du guet ait un rôle utile à jouer : « Cornouille doit être assez intelligent pour découvrir qu'un complot se prépare contre Héro, de sorte que le spectateur sache d'avance que tout finira par s'arranger. Mais il doit être également assez stupide pour que sa découverte n'empêche pas le déroulement du complot. » (Ouvrage cité, p. 134.)

Don Juan dans lequel la ruse se sert du déguisement pour provoquer l'erreur. Que ce complot lui-même soit dévoilé par une conversation surprise est à la fois exact poétiquement et conforme à toute la technique de la pièce. Notons que le thème des apparences trompeuses que Claudio reprend sans se lasser est un thème qui reparaît constamment dans les tragédies. Et quelle ironie, de ce point de vue, se fait jour quand ce même Claudio se flatte d'avoir percé toutes les apparences trompeuses, alors qu'il se révèle nettement que les apparences l'ont trompé lui-même !

Le lien des deux intrigues dans la pièce consiste en ceci qu'elles sont l'une et l'autre des intrigues amoureuses que vient contrecarrer le caractère trompeur des apparences. A partir d'une évidence qui semble satisfaisante, Claudio déduit faussement que la vertu de Héro n'est qu'un faux-semblant ; l'autre intrigue concerne Bénédict qui *semble* un misogyne et Béatrice qui ne veut pas entendre parler de mariage. A cela il faut ajouter que chacun d'eux *semble* détester particulièrement l'autre. N'est-il pas révélateur, d'ailleurs, que Shakespeare a substitué le personnage de Don Juan, qui est en grande partie un personnage gratuit, au rival amoureux que lui proposaient ses sources ? La pièce ne se présente donc pas tant comme un conflit entre des personnages que comme un conflit entre des personnages et leurs propres erreurs. Il est fort probable que le titre même de : *Beaucoup de bruit pour rien* se rapporte à cet entrelacement d'erreurs, et concerne, en particulier, les erreurs qui prolifèrent dans les deux derniers actes. Commes les défis lancés par Léonato, Antonio et Bénédict ne concourent en aucune manière à la conclusion heureuse de la pièce (ils la retardent plutôt) ; leur but est d'abord de retenir l'intérêt en développant l'enchevêtrement des personnages, puis, ce faisant, de révéler ces personnages, ceci et cela dans le dessein de divertir. Non seulement l'intrigue Bénédict-Béatrice, mais aussi l'intrigue Claudio-Héro, visent au divertissement. Cette dernière ne saurait être tenue pour tragique parce qu'on y voit une répudia-

tion[1] et qu'on y entend d'amères paroles. Son caractère essentiel (comme celui du *Songe d'une nuit d'été*, comédie de l'erreur elle aussi, bien que les personnages soient des fées et des lutins rusés et non des scélérats machiavéliques) est que l'heureuse fin n'est pas vraiment remise en question un seul instant. L'intrigue, tout en étant pleine de pathétique, ne cherche qu'à donner du plaisir au spectateur et ne tente pas de sortir du ton romanesque et comique. En un mot, la pièce ne vise nullement à être tragi-comique[2].

Ce n'est pas non plus une tragi-comédie parce que Shakespeare n'aurait pas réussi, surtout dans les deux derniers actes, à en faire une comédie. En réalité, cette pièce m'apparaît comme un chef-d'œuvre d'ironie sympathique. Sincérité et absurdité ne sont pas des éléments incompatibles dans les personnages. On ne nous invite pas à suivre les deux derniers actes avec un détachement supérieur, pas plus qu'on ne nous invite à nous identifier à fond avec la moitié des personnages et à condamner, également sans réserve, l'autre moitié.

Il nous faut admettre cependant que, sur certains points, la réussite de Shakespeare est seulement partielle. Ces demi-réussites se rencontrent toutes dans les deux derniers actes et ont toutes la même origine : l'inévitable difficulté qu'éprouve l'auteur à réaliser ses intentions complexes en termes de dialogue de théâtre. C'est ainsi que, si les paroles de Claudio dans la scène I

1. Prouty montre de façon très convaincante qu'une telle répudiation était moins choquante pour les Elizabéthains que pour nous. Mais il est moins convaincant lorsqu'il tente de prouver que le mariage de Claudio n'est une sorte de contrat d'affaires très peu romanesque. Les commentaires de Bénédict n'ont de sens, en effet, que si l'amour de Claudio suit la tradition romanesque. ("*The Sources of* MUCH ADO ABOUT NOTHING : a critical study", New Haven, 1950, pp. 47 et 62.)
2. La définition de Fletcher dans la préface de *La Bergère fidèle* (QI. 1609-1610) est une expression typique du point de vue des contemporains de Shakespeare : « Une tragi-comédie n'est pas ainsi nommée parce que la gaieté se mêle à la mort, mais parce qu'il n'y survient pas de mort, ce qui fait que ce n'est pas une tragédie, et parce qu'on y frôle la mort, ce qui fait que ce n'est pas une comédie. »

de l'Acte IV doivent être passionnées et révéler clairement sa sincérité, en même temps le spectateur doit maintenir un certain détachement, car il sait que Claudio est dans l'erreur et qu'il sera finalement désabusé ; en pratique, les premiers discours ont un ton trop tragique, bien que le discours final, très stylisé, rétablisse l'équilibre. Le même problème se pose pour la scène I de l'Acte V, où l'on ne doit pas douter de la douleur réelle de Léonato au moment même où son absurde irritabilité de vieillard doit être rendue fort claire. Dans l'épisode entre Bénédict et Béatrice à la fin de la scène I de l'Acte IV, la conduite de Béatrice doit rester extrêmement émotive tout en étant sincère, tandis que la conduite de Bénédict doit devenir de plus en plus comique, et c'est pourquoi tout le passage prend la forme d'un de leurs échanges caractéristiques. La rencontre de Bénédict et de Claudio dans la scène I de l'Acte V doit également prendre la forme d'un assaut d'esprit pour faire ressortir l'héroïsme forcé de Bénédict, et ainsi la douleur de Claudio au sujet du « déshonneur » de Héro se trouve temporairement laissée dans l'ombre. Finalement, l'insistance nécessaire sur l'approche de l'heureuse fin est, par instants du moins, responsable de changements de ton trop rapides, en particulier à la fin de la scène du deuil de Claudio et dans ses paroles, tour à tour contrites et animées, de la scène finale. Ces réserves faites, rien ne nous empêche plus de goûter pleinement la comédie subtile que nous offre Shakespeare ; en tout cas, rien ne nous oblige à la tenir pour un échec.

T. W. Craik.

NOTICE
PAR F. N. LEES

TEXTE. *Le premier texte est un « bon » Quarto (1600). Le Folio de 1623 est établi d'après lui, avec quelques corrections et plusieurs erreurs.*

DATE. *Inscrite au Registre des Libraires en 1600, la pièce n'est pas mentionnée dans* Palladis Tamia *de Meres (1598), du moins sous son titre habituel, car certains savants estiment qu'elle est désignée par le titre* Peines d'amour gagnées, *qui figure sur la liste de Meres. Du fait que le comédien Kempe, qui quitta la compagnie de Shakespeare au début de 1599, est nommé dans les indications scéniques de* Q1, *on pense généralement que la pièce a sans doute été créée au cours de la saison d'hiver 1598-99. Dover Wilson (1923), avec quelques autres avant et après lui, croit que Shakespeare a révisé à cette date une pièce antérieure, peut-être de lui, et que la révision a porté seulement sur la prose. Il fait état de l'irrégularité des indications scéniques et des attributions de répliques, ainsi que d'apparentes suppressions, pour justifier cette opinion, qui est rejetée par Trenery (1924) et par Chambers (1930). Selon Greg (1942), ces imperfections seraient dues à un défaut de révision de la copie donnée par l'auteur aux imprimeurs.*

SOURCES. *Le* Roland furieux *d'Arioste, Bandello (peut-être à travers la traduction de Belleforest dans ses* Histoires tragiques, 1569), *et peut-être* The Faerie

Queene de Spenser. *La traduction anglaise du* Roland furieux *par Harington est de 1591, mais on signale trois versions antérieures (une seule conservée) de la partie qui nous intéresse ici, dont une pièce jouée en 1582. Le Courtisan de Castiglione, traduit en 1561, a pu influer sur la présentation de Bénédict et de Béatrice, mais l'intrigue secondaire est de l'invention de Shakespeare. Furness (1899) a suggéré qu'un* Bénédict et Betteris, *signalé en 1612-13, était peut-être une source de notre pièce, mais cette opinion a trouvé peu de crédit.*

CRITIQUE. *Bien qu'à la Restauration et au début du XVIIIe siècle la pièce ait été amalgamée avec* Mesure pour Mesure *par Davenant en 1662, puis avec des motifs tirés de Molière, il est probable que sous sa forme originelle elle fut très populaire. Le roi Charles Ier inscrivit sur son exemplaire le sous-titre* Béatrice et Bénédict, *révélant ainsi la source principale de son intérêt aux yeux des contemporains. Coleridge voyait dans la subordination manifeste de l'intrigue principale à l'intrigue secondaire une preuve de la prédilection de Shakespeare pour l'étude des caractères (plutôt que pour les intrigues). Hazlitt admirait la pièce et Swinburne la trouvait « incomparable » dans son genre. Les scènes qui mettent aux prises Bénédict et Béatrice ont été généralement très appréciées, et Quiller-Couch (1923) fait exception lorsqu'il s'élève contre l'insuffisance psychologique du traitement de Don Juan dans l'intrigue principale. Il condamne encore certains éléments « vulgaires » ou démodés dans l'« esprit » des personnages, en quoi il est d'accord avec Jules Lemaître qui qualifie Béatrice et Bénédict de « sauvages s'évertuant à avoir de l'esprit ». Pour Charlton (1938), retraçant l'évolution chez Shakespeare de la « comédie romanesque » où sont combinés les motifs jusqu'alors antagonistes du roman et de la comédie, Béatrice, avec ses qualités de tête et de cœur, témoigne de l'« élévation de la femme comme reine de la comédie » dans la formulation shakespearienne de l'« art d'aimer ». De ce fait, l'inconstance de Don Juan, et, à des degrés divers, celle des autres personnages, prend pour lui une signification positive. Fluchère (1948)*

considère la pièce comme « bien plus grave qu'on ne veut communément l'admettre... Bénédict et Béatrice se révèlent à la réflexion autre chose que les escrimeurs d'élite qu'on voit en eux, et leurs vives passes d'armes ne sont que le miroitement superficiel d'une attitude bien plus sourcilleuse en face des problèmes que posent l'amour et la société dans laquelle ils évoluent ». Les opinions diffèrent sur la nature et le degré de l'insuffisance supposée de l'éthique appliquée par Claudio et ses compagnons, comme sur la question de savoir si Shakespeare lui-même était conscient d'une telle insuffisance. La qualité poétique de la pièce a de même donné lieu à des jugements contradictoires ; Dover Wilson trouve les vers dépourvus de maturité, ce qui étaye sa théorie d'une révision. Trenery et Chambers contestent cette opinion, mais sont d'accord pour souligner l'importance de la prose dans cette pièce. Rylands (1928) exprime sans doute le sentiment de beaucoup de critiques lorsqu'il déclare que la pièce révèle Shakespeare « en réaction contre le langage et la versification de l'époque, réaction qui le conduit à explorer les ressources de la prose », et qu'elle trahit « la libération de la psychologie et du réalisme dramatique, des entraves de la mode et des conventions ».

F. N. LEES.

**BEAUCOUP DE BRUIT
POUR RIEN**

**MUCH ADO
ABOUT NOTHING**

CHARACTERS IN THE PLAY

DON PEDRO, *Prince of Arragon.*
DON JOHN, *his bastard brother.*
CLAUDIO, *a young lord of Florence.*
BENEDICK, *a young lord of Padua.*
LEONATO, *governor of Messina.*
ANTONIO, *an old man, his brother.*
BALTHAZAR, *a singer in the service of Don Pedro.*
BORACHIO }
CONRADE } *followers of Don John.*
A Messenger.
FRIAR FRANCIS.
DOGBERRY, *a constable.*
VERGES, *a headborough.*
First Watchman.
Second Watchman.
A Sexton.
A Boy.
A Lord.
HERO, *daughter to Leonato.*
BEATRICE, *niece to Leonato.*
MARGARET }
URSULA } *waiting-gentlewomen to Hero.*

Antonio's son, musicians, watchmen, attendants, etc.

The scene: Messina.

PERSONNAGES

DON PÉDRO, *prince d'Aragon.*
DON JUAN, *son frère bâtard.*
CLAUDIO, *jeune seigneur de Florence.*
BÉNÉDICT, *jeune seigneur de Padoue.*
LÉONATO, *gouverneur de Messine.*
ANTONIO, *son frère, un vieillard.*
BALTHAZAR, *chanteur au service de Don Pédro.*
BORACHIO
CONRAD } *de la suite de Don Juan.*
Un messager.
FRÈRE FRANCOIS.
CORNOUILLE, *officier de police.*
VERJUS, *magistrat municipal.*
Deux hommes du guet.
Un sacristain, un page, un seigneur.
HÉRO, *fille de Léonato.*
BÉATRICE, *nièce de Léonato.*
MARGUERITE
URSULE } *suivantes de Héro.*

Le fils d'Antonio, musiciens, gardes, serviteurs, etc.

La scène est à Messine.

ACTE PREMIER

[I, 1]

An orchard, adjoining the house of Leonato; at one side a covered alley of thick-pleached fruit-trees; at the back an arbour overgrown with honeysuckle.

'LEONATO, *governor of Messina*, HERO, *his daughter, and* BEATRICE, *his niece, with a messenger.*'

LEONATO

I learn in this letter that Don Pedro of Arragon comes this night to Messina.

MESSENGER

He is very near by this. He was not three leagues off when I left him.

LEONATO

How many gentlemen have you lost in this action?

MESSENGER

But few of any sort, and none of name.

SCÈNE PREMIÈRE

Un verger près du palais de Léonato.

Entrent 'LÉONATO, *gouverneur de Messine, sa fille* HÉRO, *sa nièce* BÉATRICE, *et un messager*'.

LÉONATO

J'apprends par cette lettre que Don Pédro d'Aragon arrive ce soir à Messine.

LE MESSAGER

Il doit en être fort près. Moins de trois lieues l'en séparaient quand je l'ai quitté.

LÉONATO

Combien de gentilshommes avez-vous perdus dans ce combat ?

LE MESSAGER

Peu de grande noblesse et pas un de renom.

LEONATO

A victory is twice itself when the achiever brings home full numbers... I find here that Don Pedro hath bestowed much honour on a young Florentine called Claudio.

MESSENGER

Much deserved on his part, and equally remembered by Don Pedro. He hath borne himself beyond the promise of his age, doing in the figure of a lamb the feats of a lion. He hath indeed better bettered expectation than you must expect of me to tell you how.

LEONATO

He hath an uncle here in Messina will be very much glad of it.

MESSENGER

I have already delivered him letters, and there appears much joy in him—even so much, that joy could not show itself modest enough without a badge of bitterness.

LEONATO

Did he break out into tears?

MESSENGER

In great measure.

LEONATO

A kind overflow of kindness. These are no faces truer than those that are so washed. How much better is it to weep at joy than to joy at weeping!

LÉONATO

C'est double victoire quand le vainqueur ramène ses troupes au complet... Je lis ici que Don Pédro a comblé d'honneurs un jeune Florentin du nom de Claudio.

LE MESSAGER

Récompense justement méritée et qui atteste la justice de Don Pédro. Ce Claudio a passé les promesses de ses jeunes ans, accomplissant, sous les dehors d'un agneau, des exploits de lion. Il a en vérité comblé au-delà du comble toute attente, mieux que la vôtre ne saurait l'être par mon récit.

LÉONATO

Il a ici, à Messine, un oncle qui va s'en réjouir grandement.

LE MESSAGER

Je lui ai déjà remis des lettres, et il semble très heureux... si heureux que sa joie, dans sa modestie, a voulu prendre la livrée de la tristesse.

LÉONATO

Aurait-il fondu en larmes ?

LE MESSAGER

Il a pleuré abondamment.

LÉONATO

Aimable débordement de tendresse ! Il n'est pas de plus francs visages que ceux que lave pareil flot. Ah, qu'il vaut mieux pleurer de plaisir que prendre plaisir à voir pleurer !

BEATRICE

I pray you, is Signior Mountanto returned from the wars or no?

MESSENGER

I know none of that name, lady. There was none such in the army of any sort.

LEONATO

What is he that you ask for, niece?

HERO

My cousin means Signior Benedick of Padua.

MESSENGER

O, he's returned, and as pleasant as ever he was.

BEATRICE

He set up his bills here in Messina and challenged Cupid at the flight, and my uncle's fool reading the challenge subscribed for Cupid, and challenged him at the birdbolt... I pray you, how many hath he killed and eaten in these wars? But how many hath he killed? for indeed I promised to eat all of his killing.

LEONATO

Faith, niece, you tax Signior Benedick too much —but he'll be meet with you, I doubt it not.

BÉATRICE

Dites-moi, je vous prie, le signor Bravaccio[1] revient-il, oui ou non, de la guerre ?

LE MESSAGER

Je ne connais personne de ce nom, madame. Aucun homme de qualité ne le portait dans l'armée.

LÉONATO

Qui est celui dont vous vous informez, ma nièce ?

HÉRO

Ma cousine veut parler du signor Bénédict, de Padoue.

LE MESSAGER

Oh ! il en revient, et aussi agréable que jamais.

BÉATRICE

Il a affiché ses cartels ici même, à Messine et défié Cupidon au tir à la volée ; le fou de mon oncle, ayant lu ce défi, a répondu au nom de Cupidon et l'a provoqué au carreau d'arbalète[2] !... Dites-moi, combien d'hommes a-t-il tués et mangés dans cette guerre ? Ou plutôt, combien en a-t-il tué, car à vrai dire j'ai promis de manger tout ce qu'il tuerait.

LÉONATO

Ma foi, ma nièce, vous médisez trop du signor Bénédict, mais je ne doute pas qu'il ne vous rende la pareille.

MESSENGER

He hath done good service, lady, in these wars.

BEATRICE

You had musty victual, and he hath holp to eat it. He is a very valiant trencher-man, he hath an excellent stomach.

MESSENGER

And a good soldier too, lady.

BEATRICE

And a good soldier to a lady, but what is he to a lord?

MESSENGER

A lord to a lord, a man to a man—stuffed with all honourable virtues.

BEATRICE

It is so, indeed. He is no less than a stuffed man, but for the stuffing—well, we are all mortal.

LEONATO

You must not, sir, mistake my niece. There is a kind of merry war betwixt Signior Benedick and her. They never meet but there's a skirmish of wit between them.

BEATRICE

Alas, he gets nothing by that. In our last conflict, four of his five wits went halting off, and now is the

LE MESSAGER

Il a vaillamment servi, madame, dans cette campagne.

BÉATRICE

Vous aviez des victuailles moisies et il aura aidé à les manger. C'est un vaillant trancheur et un estomac exemplaire.

LE MESSAGER

Et un bon soldat, madame.

BÉATRICE

Certes, un bon soldat face à une dame, mais que vaut-il face à un seigneur ?

LE MESSAGER

Un seigneur face à un seigneur, un homme face à un homme, et farci des plus honorables vertus.

BÉATRICE

C'est ma foi vrai. Sa substance n'est que farce. Quant à la farce elle-même... Enfin ! Nous sommes tous mortels.

LÉONATO

Monsieur, ne vous y méprenez pas. Il règne entre ma nièce et le signor Bénédict une sorte de guerre joyeuse. Ils ne se rencontrent jamais qu'ils ne fassent escarmouche d'esprit.

BÉATRICE

Hélas, il n'y gagne rien ! Lors de notre dernier combat, quatre de ses cinq esprits[3] s'en sont allés

whole man governed with one—so that if he have wit enough to keep himself warm, let him bear it for a difference between himself and his horse, for it is all the wealth that he hath left to be known a reasonable creature. Who is his companion now? he hath every month a new sworn brother.

MESSENGER

Is't possible?

BEATRICE

Very easily possible. He wears his faith but as the fashion of his hat, it ever changes with the next block.

MESSENGER

I see, lady, the gentleman is not in your books.

BEATRICE

No, an he were, I would burn my study. But I pray you who is his companion? Is there no young squarer now that will make a voyage with him to the devil?

MESSENGER

He is most in the company of the right noble Claudio.

BEATRICE

O Lord, he will hang upon him like a disease—he is sooner caught than the pestilence, and the taker runs

clopin-clopant, et maintenant l'homme tout entier n'en a plus qu'un seul pour le gouverner... donc, s'il lui reste encore assez d'esprit pour se mettre au chaud, qu'il l'arbore en manière de distinction [4] entre lui et son cheval, car c'est tout ce qui lui reste pour preuve qu'il est une créature raisonnable. Qui est son compagnon maintenant ? Il prend tous les mois un nouveau frère juré [5].

LE MESSAGER

Est-ce possible ?

BÉATRICE

Très possible : il en est de sa foi comme de la façon de son chapeau [6], car il est toujours coiffé du dernier venu.

LE MESSAGER

Je vois, madame, que ce gentilhomme n'est pas dans vos petits papiers.

BÉATRICE

Non, s'il y était, je brûlerais mon bureau. Mais, dites-moi, je vous prie, qui est son compagnon ? N'y a-t-il plus de jeunes querelleurs qui veuillent faire voyage chez le diable avec lui ?

LE MESSAGER

On le voit surtout en compagnie du très noble Claudio.

BÉATRICE

Oh ! mon Dieu, il va s'attacher à Claudio comme une maladie : il est plus infectieux que la peste et celui qui

presently mad. God help the noble Claudio. If he have caught the Benedick, it will cost him a thousand pound ere a' be cured.

MESSENGER

80 I will hold friends with you, lady.

BEATRICE

Do, good friend.

LEONATO

You will never run mad, niece.

BEATRICE

No, not till a hot January.

MESSENGER

Don Pedro is approached.

*'Don Pedro, Claudio, Benedick, Balthazar and
John the Bastard' enter the orchard.*

DON PEDRO

Good Signior Leonato, are you come to meet your trouble? the fashion of the world is to avoid cost, and you encounter it.

LEONATO

Never came trouble to my house in the likeness of your grace. For trouble being gone, comfort should
90 remain: but when you depart from me, sorrow abides and happiness takes his leave.

l'attrape perd l'esprit tout à l'heure. Que Dieu vienne en aide au noble Claudio ! S'il a attrapé le Bénédict[7], il lui en coûtera mille livres pour se guérir.

LE MESSAGER

Je prendrai soin d'être de vos amis, madame !

BÉATRICE

N'y manquez pas, mon bon ami.

LÉONATO

Ce n'est pas vous, ma nièce, qui perdrez l'esprit.

BÉATRICE

Non, jusqu'au prochain janvier torride.

LE MESSAGER

Voici Don Pédro qui approche.

Entrent 'Don Pédro, Claudio, Bénédict, Balthazar et Don Juan le bâtard.'

DON PÉDRO

Bon signor Léonato, venez-vous donc au-devant de vos tracas ? L'usage du monde est d'éviter les dépens et vous les recherchez !

LÉONATO

Jamais les tracas ne sont entrés dans ma maison sous les traits de Votre Grâce. Car, les tracas partis, vient le soulagement : or, quand vous me quittez, la tristesse demeure et la joie prend son congé.

DON PEDRO

You embrace your charge too willingly... I think this is your daughter.

LEONATO

Her mother hath many times told me so.

BENEDICK

Were you in doubt, sir, that you asked her?

LEONATO

Signior Benedick, no—for then were you a child.

DON PEDRO

You have it full, Benedick—we may guess by this what you are, being a man. Truly the lady fathers herself... Be happy, lady, for you are like an honourable father.

[he talks apart with Hero and Leonato.

BENEDICK

If Signior Leonato be her father, she would not have his head on her shoulders for all Messina, as like him as she is.

BEATRICE

I wonder that you will still be talking, Signior Benedick—nobody marks you.

BENEDICK

What, my dear Lady Disdain! are you yet living?

DON PÉDRO

Vous assumez votre charge de trop bonne grâce...
Voici, je pense, votre fille ?

LÉONATO

Sa mère me l'a mainte fois affirmé.

BÉNÉDICT

En doutiez-vous, monsieur, pour vous en être enquis ?

LÉONATO

Non, signor Bénédict... car vous n'étiez alors qu'un enfant.

DON PÉDRO

Touché, Bénédict. Nous pouvons entrevoir d'après cela quel homme vous êtes devenu ! En vérité, la fille proclame d'emblée son père. Soyez heureuse, madame, de ressembler à un père si honorable.

Il s'entretient à part avec Héro et Léonato.

BÉNÉDICT

En admettant que le signor Léonato soit son père, elle ne voudrait pas pour tout Messine avoir sa tête chenue sur les épaules, si fort qu'elle lui ressemble [8].

BÉATRICE

Je me demande, Signor Bénédict, pourquoi vous continuez à parler : personne ne vous écoute.

BÉNÉDICT

Quoi, chère Madame du Dédain, vous êtes encore en vie ?

BEATRICE

Is it possible Disdain should die, while she hath such meet food to feed it as Signior Benedick? Courtesy itself must convert to disdain, if you come in her presence.

BENEDICK

Then is courtesy a turn-coat. But it is certain I am loved of all ladies, only you excepted: and I would I could find in my heart that I had not a hard heart, for truly I love none.

BEATRICE

A dear happiness to women—they would else have been troubled with a pernicious suitor. I thank God and my cold blood, I am of your humour for that. I had rather hear my dog bark at a crow than a man swear he loves me.

BENEDICK

God keep your ladyship still in that mind, so some gentleman or other shall 'scape a predestinate scratched face.

BEATRICE

Scratching could not make it worse, an 'twere such a face as yours were.

BENEDICK

Well, you are a rare parrot-teacher.

BEATRICE

A bird of my tongue is better than a beast of yours.

BÉATRICE

Se pourrait-il que Dédain meure, tant qu'elle a pour se nourrir un aliment qui lui convient aussi bien que le signor Bénédict ? Courtoisie elle-même se change par force en dédain, dès que vous paraissez en sa présence.

BÉNÉDICT

Courtoisie tourne donc casaque. Mais il est certain que toutes les dames m'aiment, vous seule exceptée. Et je voudrais du fond du cœur avoir le cœur moins dur, car en vérité je n'en aime aucune.

BÉATRICE

Rare bonheur pour les femmes ! Cela leur épargne les importunités d'un fort méchant soupirant. J'en remercie Dieu et la froideur de mon sang, je suis en cela de votre humeur. J'aimerais mieux entendre mon chien aboyer après une corneille qu'un homme jurer qu'il m'adore.

BÉNÉDICT

Dieu maintienne longtemps Votre Grâce en cette disposition ! Tel ou tel gentilhomme échappera ainsi aux griffes qui fatalement lui eussent labouré le visage.

BÉATRICE

Si ce visage ressemblait au vôtre, les coups de griffes ne pourraient guère l'abîmer.

BÉNÉDICT

Quel merveilleux maître à parler vous feriez pour un perroquet !

BÉATRICE

Un oiseau parlant comme moi vaut mieux qu'une bête parlant comme vous.

BENEDICK

I would my horse had the speed of your tongue, and so good a continuer. But keep your way a God's name—I have done.

BEATRICE

130 You always end with a jade's trick. I know you of old.

DON PEDRO

That is the sum of all, Leonato. [*he turns*] Signior Claudio and Signior Benedick, my dear friend Leonato hath invited you all. I tell him we shall stay here at the least a month, and he heartily prays some occasion may detain us longer. I dare swear he is no hypocrite, but prays from his heart.

LEONATO

If you swear, my lord, you shall not be forsworn. [*to Don John*] Let me bid you welcome, my
140 lord—being reconciled to the prince your brother ... [*bows*] I owe you all duty.

DON JOHN

I thank you. I am not of many words, but I thank you.

LEONATO

Please it your grace lead on?

DON PEDRO

Your hand, Leonato—we will go together.
[*all depart save Benedick and Claudio.*

BÉNÉDICT

Je voudrais que mon cheval courût aussi vite que votre langue et eût le souffle aussi bon. Mais, pour l'amour de Dieu, poursuivez seule, j'abandonne.

BÉATRICE

Vous finissez toujours sur une dérobade de cheval vicieux. Je vous connais de longue date.

DON PÉDRO

C'est là tout, Léonato. (*Il se retourne*) Signor Claudio et vous, Signor Bénédict, mon cher ami Léonato vous invite tous. Je lui dis que nous resterons ici au moins un mois, il exprime cordialement le vœu qu'une circonstance imprévue nous y retienne plus longtemps encore. Je jurerais qu'il n'est point hypocrite et que son vœu part du cœur.

LÉONATO

Jurez, monseigneur, vous ne serez point parjure. (*A don Juan*) Permettez, monseigneur, que je vous souhaite la bienvenue. Puisque vous êtes réconcilié avec le prince votre frère... je vous dois hommage. (*Il le salue*)

DON JUAN

Je vous remercie. Je suis homme de peu de mots, mais je vous remercie.

LÉONATO

Plaît-il à Votre Grâce d'ouvrir la marche ?

DON PÉDRO

Votre main, Léonato, nous marcherons de pair.
Ils sortent, sauf Bénédict et Claudio.

CLAUDIO

Benedick, didst thou note the daughter of Signior Leonato?

BENEDICK

I noted her not, but I looked on her.

CLAUDIO

Is she not a modest young lady?

BENEDICK

150 Do you question me as an honest man should do, for my simple true judgement? or would you have me speak after my custom, as being a professed tyrant to their sex?

CLAUDIO

No, I pray thee speak in sober judgement.

BENEDICK

Why, i'faith, methinks she's too low for a high praise, too brown for a fair praise, and too little for a great praise—only this commendation I can afford her, that were she other than she is, she were unhandsome, and being no other but as she is, I do not like her.

CLAUDIO

160 Thou thinkest I am in sport. I pray thee tell me truly how thou lik'st her.

BENEDICK

Would you buy her, that you inquire after her?

CLAUDIO

Bénédict, as-tu remarqué la fille du signor Léonato ?

BÉNÉDICT

Je ne l'ai pas remarquée, mais je l'ai regardée.

CLAUDIO

N'est-ce pas une jeune fille pleine de modestie ?

BÉNÉDICT

Ta question est-elle celle d'un honnête homme, appelant une opinion simple et sincère ? Ou souhaites-tu que je te parle, suivant mon habitude, en ennemi avéré du beau sexe ?

CLAUDIO

Non, je t'en prie, donne-moi ton jugement raisonnable.

BÉNÉDICT

Eh bien, ma foi, je la trouve trop basse sur pattes pour un éloge exalté, trop brune pour un éloge doré, trop chétive pour un éloge emphatique. Tout ce que je puis dire en sa faveur, c'est que, fût-elle autre qu'elle n'est, elle ne serait pas belle, et que telle qu'elle est, elle ne me plaît pas.

CLAUDIO

Tu crois que je plaisante ? Je t'en supplie, dis-moi sincèrement ce que tu penses d'elle.

BÉNÉDICT

Veux-tu donc l'acheter, que tu t'informes ainsi de ce qu'elle vaut ?

CLAUDIO

Can the world buy such a jewel?

BENEDICK

Yea, and a case to put it into. But speak you this with a sad brow? or do you play the flouting Jack, to tell us Cupid is a good hare-finder, and Vulcan a rare carpenter? Come, in what key shall a man take you to go in the song?

CLAUDIO

In mine eye, she is the sweetest lady that ever I looked on.

BENEDICK

I can see yet without spectacles, and I see no such matter: there's her cousin, an she were not possessed with a fury, exceeds her as much in beauty as the first of May doth the last of December... But I hope you have no intent to turn husband, have you?

CLAUDIO

I would scarce trust myself, though I had sworn the contrary, if Hero would be my wife.

BENEDICK

Is't come to this? In faith hath not the world one man but he will wear his cap with suspicion? Shall I never see a bachelor of threescore again? Go to i'faith, an thou wilt needs thrust thy neck into a yoke, wear the print of it, and sigh away sundays...

Don Pedro re-enters the orchard.

Look, Don Pedro is returned to seek you.

CLAUDIO

Le monde entier parviendrait-il à payer un tel joyau ?

BÉNÉDICT

Oui, certes, et l'écrin pour l'y mettre. Mais dis-tu cela d'un front sérieux ? Ou n'est-ce qu'une bouffonnerie, et vas-tu m'apprendre que Cupidon est un rabatteur de lièvres et Vulcain un émérite charpentier ? Dis-moi, en quelle clef faut-il qu'on s'accorde pour accompagner ta chanson ?

CLAUDIO

A mes yeux, c'est la dame la plus exquise que j'aie jamais vue.

BÉNÉDICT

J'y vois encore sans lunettes et je ne vois rien de semblable. Sa cousine elle-même, n'était qu'une furie la possède, l'emporte sur elle en beauté autant que le premier mai triomphe du trente et un décembre. Mais tu n'as pas l'intention de passer mari, j'espère ?

CLAUDIO

Je ne répondrais pas de moi, même ayant fait serment contraire, si Héro consentait à devenir ma femme.

BÉNÉDICT

En sommes-nous là ! Ma parole ! n'y a-t-il pas au monde un seul homme qui veuille pouvoir porter chapeau sans éveiller les soupçons[9] ? Ne verrai-je jamais un célibataire atteindre la soixantaine ? Ne t'en prends qu'à toi, si tu veux à toute force te mettre le joug sur le cou, en porter la marque et passer tes dimanches à soupirer...

Rentre Don Pédro.

Voici don Pédro qui revient te chercher.

DON PEDRO

What secret hath held you here, that you followed not to Leonato's?

BENEDICK

I would your grace would constrain me to tell.

DON PEDRO

I charge thee on thy allegiance.

BENEDICK

You hear, Count Claudio. I can be secret as a dumb man, I would have you think so—but on my allegiance, mark you this, on my allegiance! He is in love—with who? now that is your grace's part ... Mark, how short his answer is—with Hero, Leonato's short daughter.

CLAUDIO

If this were so, so were it uttered.

BENEDICK

Like the old tale, my lord—'it is not so, nor 'twas not so: but indeed, God forbid it should be so.'

CLAUDIO

If my passion change not shortly, God forbid it should be otherwise.

DON PEDRO

Amen, if you love her—for the lady is very well worthy.

DON PÉDRO

Quelle affaire secrète vous a fait rester ici au lieu de nous suivre chez Léonato ?

BÉNÉDICT

Je voudrais que Votre Grâce m'enjoignît de le lui dire.

DON PÉDRO

Je te l'ordonne par ton serment d'allégeance.

BÉNÉDICT

Vous entendez, comte Claudio. Je puis être aussi discret qu'un muet, je vous prie de le croire, mais mon serment d'allégeance, notez-le bien, d'allégeance ! Il est amoureux. De qui ? (Ici, c'est Votre Grâce qui parle.) Remarquez comme sa réponse est brève : de Héro, la brève enfant de Léonato.

CLAUDIO

Si le cas était ainsi, ainsi serait-il énoncé.

BÉNÉDICT

C'est comme dans le vieux conte[10], monseigneur : « Il n'en est pas ainsi, il n'en fut jamais ainsi, en vérité, à Dieu ne plaise qu'il en soit jamais ainsi ! »

CLAUDIO

A moins que ma passion ne tourne court, plaise à Dieu qu'il en soit ainsi !

DON PÉDRO

Si tu l'aimes, ainsi soit-il, car la dame en est tout à fait digne.

CLAUDIO

You speak this to fetch me in, my lord.

DON PEDRO

By my troth, I speak my thought.

CLAUDIO

And in faith, my lord, I spoke mine.

BENEDICK

And by my two faiths and troths, my lord, I spoke mine.

CLAUDIO

That I love her, I feel.

DON PEDRO

That she is worthy, I know.

BENEDICK

That I neither feel how she should be loved, nor know how she should be worthy, is the opinion that fire cannot melt out of me—I will die in it at the stake.

DON PEDRO

Thou wast ever an obstinate heretic in the despite of beauty.

CLAUDIO

And never could maintain his part but in the force of his will.

CLAUDIO

Vous dites cela pour me fourber, monseigneur.

DON PÉDRO

Je dis ce que je pense, sur ma conscience.

CLAUDIO

Et sur ma foi, monseigneur, j'ai dit ce que je pensais.

BÉNÉDICT

Et sur mes deux fois et consciences, monseigneur, j'ai dit ce que je pensais.

CLAUDIO

Que je l'aime, je le sens.

DON PÉDRO

Qu'elle en est digne, je le sais.

BÉNÉDICT

Que je ne sens point qu'elle doive être aimée, ni ne sais qu'elle en soit digne, voilà l'opinion que le feu même ne saurait consumer en moi : je mourrai la professant sur le bûcher.

DON PÉDRO

Tu fus toujours un hérétique, opiniâtre dans ton mépris de la beauté.

CLAUDIO

Il ne pourrait soutenir son rôle sans cette force d'entêtement.

BENEDICK

That a woman conceived me, I thank her: that she brought me up, I likewise give her most humble thanks: but that I will have a recheat winded in my forehead, or hang my bugle in an invisible baldric, all women shall pardon me... Because I will not do them the wrong to mistrust any, I will do myself the right to trust none: and the fine is—for the which I may go the finer—I will live a bachelor.

DON PEDRO

I shall see thee, ere I die, look pale with love.

BENEDICK

With anger, with sickness, or with hunger, my lord—not with love: prove that ever I lose blood with love than I will get again with drinking, pick out mine eyes with a ballad-maker's pen, and hang me up at the door of a brothel-house for the sign of blind Cupid.

DON PEDRO

Well, if ever thou dost fall from this faith, thou wilt prove a notable argument.

BENEDICK

If I do, hang me in a bottle like a cat and shoot at me, and he that hits me, let him be clapped on the shoulder and called Adam.

DON PEDRO

Well, as time shall try:
'In time the savage bill doth bear the yoke.'

BÉNÉDICT

De ce qu'une femme m'a conçu, je la remercie ; de ce qu'elle m'a élevé, je la remercie aussi très humblement ; mais de ce que je préfère qu'on ne sonne pas l'hallali sur mon front et refuse de suspendre mon cor à un invisible baudrier [11], je demande pardon à toutes les femmes... Comme je ne veux faire à aucune le tort de me méfier d'elle, je me ferai à moi-même l'obligation de ne me fier à aucune ; et c'est ainsi qu'en fin de compte [12] — un compte qui pourrait bien se solder à mon profit — j'ai résolu de demeurer garçon.

DON PÉDRO

Je ne mourrai pas sans te voir pâle d'amour.

BÉNÉDICT

De colère, de maladie ou de faim, monseigneur, jamais d'amour ; si vous pouvez prouver que j'ai perdu plus de sang par amour que je ne puis m'en refaire en buvant, crevez-moi les yeux avec la plume d'un faiseur de ballades, et accrochez-moi à la porte d'un bordel pour servir d'enseigne : « Au Cupidon aveugle ».

DON PÉDRO

Eh bien, si jamais tu manques à ce vœu, tu feras un thème rare.

BÉNÉDICT

Si j'y manque, qu'on me suspende dans une bouteille comme un chat, et qu'on me tire dessus. Celui qui me touchera, qu'on lui frappe sur l'épaule en l'appelant l'Adam des archers [13].

DON PÉDRO

Soit. Qui vivra verra. « Le sauvage taureau, pour finir, porte joug. »

BENEDICK

The savage bull may—but if ever the sensible Benedick bear it, pluck off the bull's horns and set them in my forehead. And let me be vilely painted—and in such great letters as they write, 'Here is good to hire,' let them signify under my sign, 'Here you may see Benedick the married man.'

CLAUDIO

If this should ever happen, thou wouldst be horn-mad.

DON PEDRO

Nay, if Cupid have note spent all his quiver in Venice, thou wilt quake for this shortly.

BENEDICK

I look for an earthquake too then.

DON PEDRO

Well, you will temporize with the hours. In the meantime, good Signior Benedick, repair to Leonato's, commend me to him, and tell him I will not fail him at supper—for indeed he hath made great preparation.

BENEDICK

I have almost matter enough in me for such an embassage, and so I commit you—

CLAUDIO

To the tuition of God : from my house if I had it—

BÉNÉDICT

Le taureau sauvage, c'est possible, mais si jamais le sage Bénédict porte le joug, qu'on arrache au taureau ses cornes et qu'on me les plante sur le front. Qu'on peigne de moi un affreux portrait et qu'en lettres aussi grandes que pour annoncer : « Ici bon cheval à louer », l'on inscrive sous mon image : « Ici vous pouvez voir Bénédict l'homme marié ».

CLAUDIO

Si jamais cela t'arrive, l'enragée bête à cornes que tu feras !

DON PÉDRO

Bah, si Cupidon n'a pas vidé tout son carquois à Venise, nous te verrons d'ici peu trembler d'en avoir tant dit.

BÉNÉDICT

C'est donc qu'il y aura un tremblement de terre.

DON PÉDRO

Allons, tu cherches à retarder l'heure fatale. En attendant, cher signor Bénédict, rends-toi chez Léonato, tu le salueras de ma part et lui diras qu'il peut compter sur ma présence à souper... car, en vérité, il a fait de grands préparatifs.

BÉNÉDICT

J'ai tout juste assez d'esprit pour accomplir cette mission, ainsi donc, je prends congé de vous, en vous recommandant...

CLAUDIO

A la garde de Dieu. De ma maison (si j'en avais une)...

DON PEDRO

The sixth of July: your loving friend, Benedick.

BENEDICK

Nay, mock not, mock not. The body of your discourse is sometime guarded with fragments, and the guards are but slightly basted on neither. Ere your flout old ends any further, examine your conscience —and so I leave you.

[he goes.

CLAUDIO

260 My liege, your highness now may do me good.

DON PEDRO

My love is thine to teach. Teach it but how,
And thou shalt see how apt it is to learn
Any hard lesson that may do thee good.

CLAUDIO

Hath Leonato any son, my lord?

DON PEDRO

No child but Hero, she's his only heir:
Dost thou affect her, Claudio?

CLAUDIO

O my lord,
When you went onward on this ended action,
I looked upon her with a soldier's eye,
That liked, but had a rougher task in hand
270 Than to drive liking to the name of love:
But now I am returned, and that war-thoughts

DON PÉDRO

Le six juillet[14]. Votre tendre ami, Bénédict.

BÉNÉDICT

Ah, ne vous moquez pas, ne vous moquez pas ! Le corps de vos discours est parfois renforcé de pièces d'emprunt à peine bâties de part et d'autre. Avant de vous gausser des vieilles bribes rapportées, examinez votre conscience... Sur ce, je vous quitte.

Sort Bénédict.

CLAUDIO

Monseigneur, Votre Altesse peut maintenant venir à mon aide.

DON PÉDRO

C'est à toi d'instruire mon affection. Enseigne-lui ce que tu attends d'elle, et tu verras comme elle est prompte à saisir la leçon la moins aisée s'il s'agit de ton bien.

CLAUDIO

Léonato a-t-il des fils, monseigneur ?

DON PÉDRO

Pas d'autre enfant que Héro. Elle est sa seule héritière. Serais-tu amoureux d'elle, Claudio ?

CLAUDIO

O monseigneur, quand nous partîmes pour cette guerre aujourd'hui terminée, je voyais Héro avec l'œil d'un soldat, attendri sans doute, mais requis par plus rude besogne que de transformer en amour cet attendrissement. Maintenant que je suis de retour et que les

Have left their places vacant... in their rooms
Come thronging soft and delicate desires,
All prompting me how fair young Hero is,
Saying I liked her ere I went to wars.

DON PEDRO

Thou wilt be like a lover presently,
And tire the hearer with a book of words.
If thou dost love fair Hero, cherish it,
And I will break with her, and with her father,
And thou shalt have her... Was't not to this end
That thou began'st to twist so fine a story?

CLAUDIO

How sweetly you do minister to love,
That know love's grief by his complexion!
But lest my liking might too sudden seem,
I would have salved it with a longer treatise.

DON PEDRO

What need the bridge much broader than the flood?
The fairest grant is the necessity:
Look, what will serve is fit: 'tis once, thou lovest,
And I will fit thee with the remedy.
I know we shall have revelling to-night—
I will assume thy part in some disguise,
And tell fair Hero I am Claudio,
And in her bosom I'll unclasp my heart,
And take her hearing prisoner with the force
And strong encounter of my amorous tale:
Then after to her father will I break—
And the conclusion is, she shall be thine.
In practice let us put it presently.

[*they leave the orchard.*

pensées martiales ont quitté mon esprit, leur place vide s'emplit d'une foule de désirs suaves et délicats, tous me rappelant que la jeune Héro est belle et que j'étais épris d'elle avant d'aller au combat.

DON PÉDRO

Te voilà près de devenir l'image même de l'amant qui d'un volume de mots fatigue les oreilles ! Si tu aimes la belle Héro, entretiens cet amour ; moi, je vais m'en ouvrir à elle et à son père, et elle sera tienne... N'est-ce point à cette fin que tu t'es mis à me dévider cette belle histoire ?

CLAUDIO

Quel doux remède vous prescrivez à l'amour, vous qui diagnostiquez le mal d'amour à la mine ! C'est de crainte que mon attachement ne vous parût trop soudain, que je pensais en adoucir l'annonce par un plus long discours.

DON PÉDRO

A quoi bon bâtir un pont plus large que le fleuve ? Il n'est meilleur bienfait que de pourvoir au nécessaire. Vois-tu, tout ce qui atteint le but est bon : en bref, tu aimes, et je vais t'apporter la guérison. Je sais que, cette nuit, une fête sera donnée. Je veux jouer ton rôle sous quelque déguisement, et dire à la jolie Héro que je suis Claudio ; je dégraferai mon cœur dans son sein, et ferai prisonnière son oreille sous l'assaut vigoureux et persuasif de mon amoureux récit : j'apprendrai ensuite la chose à son père et, pour conclure, la belle t'appartiendra. Allons vite mettre en œuvre notre projet.

Ils sortent.

[I, 2.]

The hall of Leonato's house; three doors, one in the centre leading to the great chamber; above it a gallery with doors at the back. Servants preparing the room for a dance; Antonio directing them.

LEONATO *enters in haste.*

LEONATO

How now brother, where is my cousin your son? Hath he provided this music?

ANTONIO

He is very busy about it. But brother, I can tell you strange news that you yet dreamt not of.

LEONATO

Are they good?

ANTONIO

As the event stamps them, but they have a good cover... they show well outward. The prince and Count Claudio, walking in a thick-pleached alley in mine orchard, were thus much overheard by a man of
10 mine: the prince discovered to Claudio that he loved my niece your daughter, and meant to acknowledge it this night in a dance—and if he found her accordant, he meant to take the present time by the top and instantly break with you of it.

LEONATO

Hath the fellow any wit that told you this?

SCÈNE II

Une salle dans le palais de Léonato.

*Serviteurs occupés, sous la direction d'*ANTONIO, *aux préparatifs d'un bal. Entre* LÉONATO.

LÉONATO

Eh bien, mon frère, où est votre fils, mon cousin ? A-t-il trouvé ces musiciens ?

ANTONIO

Il s'en occupe activement. Mais, mon frère, je vous apporte des nouvelles si étranges que vous n'y auriez jamais songé.

LÉONATO

Sont-elles bonnes ?

ANTONIO

C'est selon que l'événement y mettra son empreinte. Mais le dehors en est agréable, elles se présentent bien. Tandis que le prince et le comte Claudio se promenaient dans une allée aux haies touffues de mon verger, un homme à moi surprit une part de leur conversation. Le prince révélait à Claudio qu'il aimait ma nièce votre fille et se proposait de lui en faire l'aveu ce soir pendant une danse ; s'il obtenait son accord, il était décidé à saisir l'occasion aux cheveux et à se déclarer à vous immédiatement.

LÉONATO

L'homme qui vous a répété cela a-t-il quelque jugeotte ?

ANTONIO

A good sharp fellow. I will send for him, and question him yourself.

LEONATO

No, no, we will hold it as a dream till it appear itself: but I will acquaint my daughter withal, that she may be the better prepared for an answer, if peradventure this be true... Go you and tell her of it... [*Antonio goes out a one door; his son enters at another, followed by a musician*] Cousin, you know what you have to do—[*seeing the musician*] O, I cry you mercy friend, go you with me and I will use your skill... Good cousin have a care this busy time.

[*he goes out with the musician; after a brief space Antonio's son and the servants depart likewise.*

[I, 3.]

A door opens in the gallery:

DON JOHN *and* CONRADE *come forth.*

CONRADE

What the good-year, my lord! why are you thus out of measure sad?

DON JOHN

There is no measure in the occasion that breeds, therefore the sadness is without limit.

ANTONIO

C'est un garçon très déluré. Je vais le faire chercher : vous le questionnerez vous-même.

LÉONATO

Non, non. Tenons la chose pour un rêve jusqu'à ce qu'elle se réalise : mais je vais en avertir ma fille, afin qu'elle prépare bien sa réponse, si d'aventure tout ceci était vrai... Allez lui en parler vous-même.

Sort Antonio. Entrent son fils et un musicien par une autre porte.

Cousin, vous savez ce que vous avez à faire... *(il aperçoit le musicien.)* Oh, enfin vous voilà, mon ami, venez par ici et je vais utiliser vos talents. Mon bon cousin, je réclame votre aide en ce moment de presse.

Il sort avec le musicien, suivi un instant plus tard par le fils d'Antonio et les serviteurs.

SCÈNE III

Même salle. Sur la galerie.

DON JUAN *et* CONRAD.

CONRAD

Que diable, monseigneur ! D'où vous vient cette tristesse démesurée ?

DON JUAN

Les causes qui l'ont produite n'ont pas de mesure, aussi ma tristesse est-elle sans limite.

CONRADE

You should hear reason.

DON JOHN

And when I have heard it, what blessing brings it?

CONRADE

If not a present remedy, at least a patient sufferance.

DON JOHN

I wonder that thou—being as thou say'st thou art born under Saturn—goest about to apply a moral medicine to a mortifying mischief... I cannot hide what I am: I must be sad when I have cause, and smile at no man's jests; eat when I have stomach, and wait for no man's leisure; sleep when I am drowsy, and tend on no man's business; laugh when I am merry, and claw no man in his humour.

CONRADE

Yea, but you must not make the full show of this till you may do it without controlment. You have of late stood out against your brother, and he hath ta'en you newly into his grace, where it is impossible you should take true root but by the fair weather that you make yourself. It is needful that you frame the season for your own harvest.

DON JOHN

I had rather be a canker in a hedge than a rose in his grace, and it better fits my blood to be disdained of all

CONRAD

Ecoutez la voix de la raison !

DON JUAN

Et quand je l'aurai entendue, quel bienfait m'apportera-t-elle ?

CONRAD

Sinon la guérison immédiate, du moins une patiente résignation.

DON JUAN

Je m'étonne que toi — qui prétends être né sous le signe de Saturne — tu cherches à appliquer un remède de morale à une maladie mortelle. Je ne saurais cacher ce que je suis : je veux être triste quand j'en ai sujet et ne sourire des facéties de personne ; manger quand j'ai de l'appétit et n'attendre le bon plaisir de personne ; dormir quand j'ai sommeil et ne me préoccuper des affaires de personne ; rire quand je suis gai et ne flatter l'humeur de personne.

CONRAD

Certes, mais il ne faut pas étaler tout cela avant de pouvoir le faire en toute liberté. Vous vous êtes, voici peu, révolté contre votre frère, et il vient de vous rasseoir dans ses bonnes grâces, où vous ne sauriez prendre racine si vous ne faites régner vous-même le beau temps. C'est vous qui devez créer la saison nécessaire à votre récolte.

DON JUAN

J'aime mieux être une ronce dans une haie qu'une rose dans ses bonnes grâces, et il convient mieux à mon

than to fashion a carriage to rob love from any: in this, though I cannot be said to be a flattering honest man, it must not be denied but I am a plain-dealing villain. I am trusted with a muzzle and enfranchised with a clog—therefore I have decreed not to sing in my cage... If I had my mouth, I would bite: if I had my liberty, I would do my liking: in the meantime, let me be that I am, and seek not to alter me.

CONRADE

Can you make no use of your discontent?

DON JOHN

I make all use of it, for I use it only. Who comes here?

Borachio enters the gallery.

What news, Borachio?

BORACHIO

I came yonder from a great supper. The prince your brother is royally entertained by Leonato, and I can give you intelligence of an intended marriage.

DON JOHN

Will it serve for any model to build mischief on? What is he for a fool that betroths himself to unquietness?

BORACHIO

Marry, it is your brother's right hand.

humeur d'être dédaigné de tous que de me fabriquer une conduite qui m'attire les faveurs de quiconque : en sorte que, si l'on ne peut dire de moi que je suis un honnête flagorneur, l'on ne peut nier que je sois une franche espèce de coquin. On me fait confiance après m'avoir muselé, on m'affranchit avec une entrave au pied ; aussi ai-je décidé de ne pas chanter dans ma prison. Si je disposais de ma bouche, je mordrais ; si j'avais ma liberté, j'agirais à ma guise ; pour le moment, laisse-moi être ce que je suis et ne cherche pas à me changer.

CONRAD

Ne pourriez-vous faire usage de votre mécontentement ?

DON JUAN

J'en fais un plein usage, car je n'use que de lui. Qui vient ici ? *(Entre Borachio)* Quelles nouvelles, Borachio ?

BORACHIO

J'arrive d'un grand souper qui se donne là-bas. Le prince votre frère est traité royalement par Léonato et je puis vous informer qu'un mariage se prépare.

DON JUAN

Peut-il servir de terrain où dresser une embûche maligne ? Quel est donc le fou qui se fiance à l'inquiétude ?

BORACHIO

Nul autre que le bras droit de votre frère.

DON JOHN

Who, the most exquisite Claudio?

BORACHIO

Even he.

DON JOHN

A proper squire! and who, and who, which way looks he?

BORACHIO

Marry, on Hero the daughter and heir of Leonato.

DON JOHN

A very forward March-chick! How came you to this?

BORACHIO

50 Being entertained for a perfumer, as I was smoking a musty room, comes me the prince and Claudio, hand in hand in sad conference: I whipt me behind the arras, and there heard it agreed upon that the prince should woo Hero for himself, and having obtained her, give her to Count Claudio.

DON JOHN

Come, come, let us thither—this may prove food to my displeasure. That young start-up hath all the glory of my overthrow: if I can cross him any way, I bless myself every way. You are both sure, and will
60 assist me?

CONRADE

To the death, my lord.

DON JUAN

Quoi, le très raffiné Claudio ?

BORACHIO

Lui-même.

DON JUAN

Un parfait soupirant ! Et pour qui, et pour qui, où se fixe son choix ?

BORACHIO

Eh bien, sur Héro, fille héritière de Léonato.

DON JUAN

Le blanc-bec est précoce ! Comment l'as-tu appris ?

BORACHIO

Entré dans la maison comme parfumeur [15], je brûlais des aromates pour chasser d'une chambre l'odeur du moisi, quand le prince et Claudio, la main dans la main, sont entrés en discourant tristement. Je me suis glissé derrière la tapisserie et les ai entendus convenir que le prince courtiserait Héro pour lui-même, puis, une fois vainqueur, la donnerait au comte Claudio.

DON JUAN

Venez, il faut y aller. Il y a peut-être là de quoi nourrir ma rancœur. Ce jeune parvenu recueille toute la gloire de ma chute : le contrarier de quelque manière me réjouirait de toutes les manières. Vous êtes deux amis sûrs, m'aiderez-vous ?

CONRAD

Jusqu'à la mort, monseigneur.

MUCH ADO ABOUT NOTHING

DON JOHN

Let us to the great supper—their cheer is the greater that I am subdued. Would the cook were o'my mind. Shall we go prove what's to be done?

BORACHIO

We'll wait upon your lordship.

[*they leave the gallery.*

DON JUAN

Rendons-nous à ce grand souper : leur joie se multiplie à me voir ainsi rabaissé. Ah ! si le cuisinier partageait mes sentiments ! Allons-nous voir ce que nous pouvons faire ?

BORACHIO

Nous sommes à vos ordres, monseigneur.

Ils sortent.

ACTE II

[II, 1.]

The door of the great chamber opens; LEONATO, ANTONIO, HERO, BEATRICE, MARGARET, URSULA, *and others of Leonato's household come forth.*

LEONATO

Was not Count John here at supper?

ANTONIO

I saw him not.

BEATRICE

How tartly that gentleman looks. I never can see him but I am heart-burned an hour after.

HERO

He is of a very melancholy disposition.

SCÈNE PREMIÈRE

Entrent LÉONATO, ANTONIO, HÉRO, BÉATRICE, MARGUERITE, URSULE *et d'autres personnes de la maison de Léonato.*

LÉONATO

Le comte Juan n'était-il pas au souper ?

ANTONIO

Je ne l'ai pas vu.

BÉATRICE

Comme ce gentilhomme a la mine aigre ! Je ne puis le regarder sans éprouver ensuite une heure durant des brûlures d'estomac.

HÉRO

Il est d'un naturel très hypocondre.

BEATRICE

He were an excellent man that were made just in the mid-way between him and Benedick. The one is too like an image and says nothing, and the other too like my lady's eldest son, evermore tattling.

LEONATO

Then half Signior Benedick's tongue in Count John's mouth, and half Count John's melancholy in Signior Benedick's face—

BEATRICE

With a good leg and a good foot, uncle, and money enough in his purse, such a man would win any woman in the world if a' could get her good will.

LEONATO

By my troth, niece, thou wilt never get thee a husband, if thou be so shrewd of thy tongue.

ANTONIO

In faith, she's too curst.

BEATRICE

Too curst is more than curst. I shall lessen God's sending that way, for it is said, 'God sends a curst cow short horns'—but to a cow too curst he sends none.

LEONATO

So, by being too curst, God will send you no horns?

BÉATRICE

Ce serait un homme parfait que celui qui tiendrait le juste milieu entre lui et Bénédict. L'un est trop pareil à une image et ne dit mot, l'autre ressemble trop à l'aîné de madame [16], qui jacasse sans arrêt.

LÉONATO

Donc, la moitié de la langue du signor Bénédict dans la bouche du comte Juan, et la moitié de la mélancolie du comte Juan sur le visage du signor Bénédict...

BÉATRICE

Avec belle jambe et bon pied, mon oncle, et assez d'argent dans sa bourse, pareil homme pourrait conquérir n'importe quelle femme au monde... pour peu qu'il sût lui plaire.

LÉONATO

Par ma foi, nièce, tu ne trouveras jamais de mari si tu as la langue aussi pointue.

ANTONIO

Vraiment, elle est trop endiablée.

BÉATRICE

Trop endiablée est plus qu'endiablée. Le don que Dieu dispense sera donc moindre pour moi, car il est dit : « A vache endiablée, Dieu donne corne écourtée », mais à vache trop endiablée, il n'en donne pas du tout !

LÉONATO

Ainsi donc, parce que tu es par trop diabolique, Dieu ne t'enverra pas de cornes ?

BEATRICE

Just, if he send me no husband—for the which blessing I am at him upon my kness every morning and evening... Lord! I could not endure a husband with a beard on his face—I had rather lie in the woollen!

LEONATO

You may light on a husband that hath no beard.

BEATRICE

What should I do with him? dress him in my apparel and make him my waiting-gentlewoman? He that hath
30 a beard is more than a youth; and he that hath no beard is less than a man: and he that is more than a youth is not for me, and he that is less than a man I am not for him. Therefore I will even take sixpence in earnest of the bear'ard and lead his apes into hell.

LEONATO

Well then, go you into hell?

BEATRICE

No—but to the gate, and there will the devil meet me like an old cuckold with horns on his head, and say, 'Get you to heaven, Beatrice, get you to heaven—here's no place for you maids.' So deliver I up
40 my apes, and away to Saint Peter: for the heavens, he shows me where the bachelors sit, and there live we as merry as the day is long.

ANTONIO [*to Hero*]

Well niece, I trust you will be ruled by your father.

BÉATRICE

Tout juste... s'il ne m'envoie point de mari, et pour obtenir cette grâce je l'importune à deux genoux, matin et soir. Seigneur! Je ne pourrais pas supporter un mari qui eût de la barbe au menton. J'aimerais mieux coucher à même la laine.

LÉONATO

Tu pourrais tomber sur un mari sans barbe.

BÉATRICE

Qu'en ferais-je ? Irais-je le vêtir de mes robes et le prendre pour dame d'atour ? Qui porte barbe est plus qu'un jouvenceau et qui n'a pas de barbe est moins qu'un homme : or, qui est plus qu'un jouvenceau n'est point pour moi et qui est moins qu'un homme, je ne suis pas pour lui. C'est pourquoi je me ferai verser dix sols d'avance par le montreur d'ours pour mener ses singes en enfer [17].

LÉONATO

Eh quoi, tu iras donc en enfer ?

BÉATRICE

Non, seulement jusqu'à la grille, et là le diable m'accueillera, cornu comme un vieux cocu, et me dira : « Va au Ciel, Béatrice, va au Ciel : ce n'est pas ici votre place à vous autres pucelles. » Donc, je lui livre mes singes et je cours chez saint Pierre : me voilà au Ciel. Il me montre où siègent les célibataires, et nous y connaissons l'allégresse à longueur de journée.

ANTONIO, *à Héro*.

Ça, ma nièce, j'espère que vous vous laisserez guider par votre père.

BEATRICE

Yes faith, it is my cousin's duty to make curtsy, and say, 'Father, as it please you'... but yet for all that, cousin, let him be a handsome fellow, or else make another curtsy, and say, 'Father, as it please me.'

LEONATO

Well, niece, I hope to see you one day fitted with a husband.

BEATRICE

Not till God make men of some other mettle than earth. Would it not grieve a woman to be overmastered with a piece of valiant dust? to make an account of her life to a clod of wayward marl? No, uncle, I'll none: Adam's sons are my brethren, and truly I hold it a sin to match in my kindred.

LEONATO

Daughter, remember what I told you. If the prince do solicit you in that kind, you know your answer.

BEATRICE

The fault will be in the music, cousin, if you be not wooed in good time: if the prince be too important, tell him there is measure in every thing, and so dance out the answer. For hear me, Hero—wooing, wedding, and repenting, is as a Scotch jig, a measure, and a cinque-pace: the first suit is hot and hasty like a Scotch jig, and full as fantastical; the wedding mannerly-modest, as a measure, full of state and ancientry; and

BÉATRICE

Oui, ma foi, le devoir de ma cousine est de faire la révérence en disant : « Mon père, comme il vous plaira... » mais, néanmoins, cousine, qu'il soit beau garçon ! Sinon, fais une seconde révérence et dis : « Mon père, comme il me plaira ! »

LÉONATO

Allons, ma nièce, j'espère te voir un jour pourvue d'un mari.

BÉATRICE

Pas avant que Dieu fasse les hommes de quelque autre substance que l'argile. N'est-ce pas affligeant pour une femme d'être sous la domination d'un petit tas de fanfaronne poussière, d'avoir à rendre compte de sa vie à une motte de glaise despotique ? Non, mon oncle, je n'y consens pas. Les fils d'Adam sont tous mes frères et vraiment je tiendrais à péché de prendre un mari parmi les miens.

LÉONATO

Ma fille, rappelle-toi ce que je t'ai dit. Si le prince te sollicite à cet effet, tu sais quelle réponse lui faire.

BÉATRICE

La faute en sera à la musique, cousine, s'il te fait la cour à contre-temps : si le prince se montre importun, dis-lui qu'il faut en tout de la mesure et que ta riposte soit bien cadencée. Car, crois-moi, Héro : se courtiser, se marier et se repentir, c'est comme si l'on dansait la gigue écossaise, le menuet et la gaillarde. Les premiers serments d'amour sont ardents et entraînants comme la gigue et tout aussi fantasques ; le mariage, cérémonieux et digne, comme le menuet, plein d'une antique

then comes Repentance, and with his bad legs falls into the cinque-pace faster and faster, till he sink into his grave.

LEONATO

Cousin, you apprehend passing shrewdly.

BEATRICE

70 I have a good eye, uncle—I can see a church by daylight.

LEONATO

The revellers are ent'ring, brother. Make good room.

[Antonio gives orders to the servants and goes out. Don Pedro, Claudio, Benedick, Don John, Borachio and others of Don Pedro's party enter masked, with a drummer before them; Antonio returns later, also masked. Musicians enter the gallery and prepare to play; the couples take their places for a round dance.]

DON PEDRO [*leading Hero forth*].

Lady, will you walk a bout with your friend?

HERO

So you walk softly and look sweetly and say nothing, I am yours for the walk—and especially when I walk away.

DON PEDRO

With me in your company?

HERO

I may say so when I please.

solennité ; puis vient Repentir avec ses mauvaises jambes : il se lance dans le pas de cinq, de plus en plus vite, jusqu'à ce qu'un faux pas le culbute au tombeau.

LÉONATO

Ma nièce, vous voyez les choses avec une excessive malignité.

BÉATRICE

J'ai bon œil, mon oncle : je distingue une église en plein jour.

LÉONATO

Voici nos joyeux convives, mon frère. Faisons-leur place.

*Sort Antonio.
Entrent Don Pédro, Claudio, Bénédict, Don Juan, Borachio et des gens de la suite de Don Pédro, masqués, puis des musiciens. Plus tard Antonio.*

DON PÉDRO, *entraînant Héro.*

Madame, voulez-vous faire un tour de promenade[18] avec votre ami?

HÉRO

Oui, pourvu que votre marche soit lente, votre air doux, et votre bouche muette, je consens à me promener — surtout si c'est pour me sauver.

DON PÉDRO

En ma compagnie?

HÉRO

Vous le saurez si c'est mon bon plaisir.

DON PEDRO

And when please you to say so?

HERO

When I like your favour, for God defend the lute should be like the case!

DON PEDRO

My visor is Philemon's roof—within the house is Jove.

HERO

Why, then your visor should be thatched.

DON PEDRO

Speak low if you speak love.

[*they pass on round the room.*

† BORACHIO

Well, I would you did like me.

MARGARET

So would not I for your own sake, for I have many ill qualities.

BORACHIO

Which is one?

MARGARET

I say my prayers aloud.

DON PÉDRO

Et que faut-il pour qu'il vous plaise me le dire ?

HÉRO

Que me plaise votre visage. A Dieu ne plaise que le luth ressemble à son étui [19] !

DON PÉDRO

Mon masque est le toit de Philémon — dans la maison est Jupiter.

HÉRO

Votre masque devrait donc être de chaume [20].

DON PÉDRO

Chut : les propos amoureux se murmurent...
Ils font le tour de la salle.

BORACHIO

Ah ! je voudrais bien que vous m'aimiez.

MARGUERITE

Dans votre intérêt, je ne le voudrais pas, car j'ai beaucoup de défauts.

BORACHIO

Citez-m'en un.

MARGUERITE

Je dis mes prières à haute voix.

88   MUCH ADO ABOUT NOTHING

BORACHIO

I love you the better, the hearers may cry Amen.

MARGARET

God match me with a good dancer.

BORACHIO

Amen.

MARGARET

And God keep him out of my sight when the dance is done: answer, clerk.

BORACHIO

No more words—the clerk is answered.

[*they pass on round the room.*

URSULA

I know you well enough—you are Signior Antonio.

ANTONIO

At a word, I am not.

URSULA

100   I know you by the waggling of your head.

ANTONIO

To tell you true, I counterfeit him.

BORACHIO

Je ne vous en aime que davantage : vos auditeurs peuvent crier : Amen.

MARGUERITE

Dieu m'accorde un bon danseur !

BORACHIO

Amen.

MARGUERITE

Dieu me l'ôte de la vue une fois la danse finie. Ton répons, clerc ?

BORACHIO

Motus : le clerc a reçu son répons.

Ils font le tour de la salle.

URSULE

Je vous connais bien, vous êtes le seigneur Antonio.

ANTONIO

En un mot : non.

URSULE

Je vous reconnais à votre tête branlante.

ANTONIO

A dire vrai, je le contrefais.

URSULA

You could never do him so ill-well, unless you were the very man: here's his dry hand up and down—you are he, you are he.

ANTONIO

At a word, I am not.

URSULA

Come, come, do you think I do not know you by your excellent wit? Can virtue hide itself? Go to, mum, you are he. Graces will appear, and there's an end.

[*they pass on round the room.*

BEATRICE

Will you not tell me who told you so?

BENEDICK

No, you shall pardon me.

BEATRICE

Nor will you not tell me who you are?

BENEDICK

Not now.

BEATRICE

That I was disdainful, and that I had my good wit out of the 'Hundred Merry Tales' ... Well, this was Signior Benedick thad said so.

URSULE

Vous ne pourriez jamais contrefaire aussi bien cet homme contrefait si vous n'étiez lui-même : voici de tout point sa main desséchée : vous êtes lui, vous êtes lui !

ANTONIO

En un mot : non.

URSULE

Voyons, voyons, croyez-vous que je ne puisse vous reconnaître à votre esprit étincelant ? Le mérite se saurait-il cacher ? Fi, ne soufflez mot : vous êtes lui. Les talents transparaissent toujours, et voilà tout.

Ils font le tour de la salle.

BÉATRICE

Vous ne voulez pas me dire qui vous l'a dit ?

BÉNÉDICT

Non, veuillez m'excuser.

BÉATRICE

Vous ne voulez pas non plus me dire qui vous êtes ?

BÉNÉDICT

Pas maintenant.

BÉATRICE

Que je faisais la dédaigneuse et que je prenais mon esprit dans les « Cent contes joyeux[21] »... Eh bien, c'est le signor Bénédict qui a dit cela.

BENEDICK

What's he?

BEATRICE

I am sure you know him well enough.

BENEDICK

Not I, believe me.

BEATRICE

120 Did he never make you laugh?

BENEDICK

I pray you, what is he?

BEATRICE

Why, he is the prince's jester, a very dull fool—only his gift is in devising impossible slanders. None but libertines delight in him, and the commendation is not in his wit but in his villainy, for he both pleases men and angers them, and then they laugh at him and beat him... [*surveying the company*] I am sure he is in the fleet—I would he had boarded me.

BENEDICK

When I know the gentleman, I'll tell him what you
130 say.

BEATRICE

Do, do. He'll but break a comparison or two on me, which peradventure, not marked or not laughed at, strikes him into melancholy—and then there's a

BÉNÉDICT

Qui est-il ?

BÉATRICE

Je suis sûre que vous le connaissez fort bien.

BÉNÉDICT

Pas du tout, croyez-moi.

BÉATRICE

Ne vous a-t-il jamais fait rire ?

BÉNÉDICT

Je vous en prie, dites-moi ce qu'il est.

BÉATRICE

Mais c'est le bouffon du prince, un fou fort ennuyeux. Son unique talent consiste à inventer d'impossibles calomnies. Seuls les libertins le trouvent de leur goût ; encore n'est-ce pas son esprit qui plaide en sa faveur, mais sa vilenie, car il amuse les gens et les irrite à la fois. Ensuite, ils se moquent de lui et l'étrillent. (*Regardant autour d'elle.*) Je suis sûre qu'il navigue par là[22]. Je voudrais qu'il m'eût abordée !

BÉNÉDICT

Quand je connaîtrai ce gentilhomme, je lui répéterai ce que vous dites là.

BÉATRICE

Faites, faites. Il ne saura que décocher contre moi un ou deux brocards, et si par hasard ceux-ci passent inaperçus et ne font pas rire, il sera frappé de

partridge wing saved, for the fool will eat no supper **that night**... We must follow the leaders.

BENEDICK

In every good thing.

BEATRICE

Nay, if they lead to any ill, I will leave them at the **next** turning.

> *The musicians strike up, and the couples break into a lively dance; at the end thereof Don Pedro beckons to Leonato and they go forth together. The door of the great chamber is thrown open; Hero leads the couples to the banquet, Don John, Borachio and Claudio remaining behind.*

DON JOHN [*aloud*].

Sure my brother is amorous on Hero, and hath 140 **withdrawn** her father to break with him about **it**... The ladies follow her, and but one visor re**mains**.

BORACHIO

And that is Claudio. I know him by his hearing.

DON JOHN

Are not you Signior Benedick?

CLAUDIO

You know me well—I am he.

DON JOHN

Signior, you are very near my brother in his love. **He is enamoured** on Hero. I pray you, dissuade him **from her**, she is no equal for his birth. You may do **the part** of an honest man in it.

mélancolie, ce qui économisera une aile de perdreau, car le fou ne soupera pas ce soir-là. Allons, il nous faut suivre ceux qui mènent.

BÉNÉDICT

Dans la bonne voie !

BÉATRICE

Certes, s'ils nous mènent dans la mauvaise, je les quitte au premier tournant.

Danse, puis sortent Don Pédro, Léonato, Héro et les autres, à l'exception de Don Juan, de Borachio et de Claudio.

DON JUAN, *à haute voix.*

Mon frère, c'est sûr, est amoureux de Héro : il a pris le père à part pour l'en entretenir... Les dames ont suivi Héro et il ne reste plus qu'un masque.

BORACHIO

Et c'est Claudio. Je le reconnais à sa tournure.

DON JUAN

N'êtes-vous pas le signor Bénédict ?

CLAUDIO

Vous m'avez reconnu : c'est moi.

DON JUAN

Signor, vous êtes ami de cœur de mon frère. Il s'est amouraché de Héro. Je vous en prie, détournez-le d'elle, elle est d'une naissance trop médiocre pour lui. Vous agirez ainsi en honnête homme.

96   MUCH ADO ABOUT NOTHING

CLAUDIO

150   How know you he loves her?

DON JOHN

I heard him swear his affection.

BORACHIO

So did I too, and he swore he would marry her tonight.

DON JOHN

Come, let us to the banquet.
      [*he goes within, followed by Borachio.*

CLAUDIO

Thus answer I in name of Benedick,
But hear these ill news with the ears of Claudio...
'Tis certain so—the prince wooes for himself.
Friendship is constant in all other things
Save in the office and affairs of love:
160 Therefore all hearts in love use their own tongues...
Let every eye negotiate for itself,
And trust no agent: for beauty is a witch
Against whose charms faith melteth into blood:
This is an accident of hourly proof,
Which I mistrusted not... Farewell, therefore, [Hero.

*Benedick, unmasked, comes from the great
chamber to seek for Claudio.*

BENEDICK

Count Claudio?

CLAUDIO

Yea, the same.

CLAUDIO

Comment savez-vous qu'il l'aime ?

DON JUAN

Je l'ai entendu lui jurer son amour.

BORACHIO

Moi aussi, et il jurait de l'épouser cette nuit.

DON JUAN

Venez, allons au banquet.

Sortent Don Juan et Borachio.

CLAUDIO

Ainsi ai-je répondu au nom de Bénédict, mais c'est dans l'oreille de Claudio qu'est tombée la mauvaise nouvelle... Il est donc vrai que le prince la courtise pour lui-même. L'amitié est constante en toute chose hors la poursuite d'une charge ou d'un amour : aussi, que tout cœur amoureux use de sa propre langue, que tout œil amoureux négocie pour lui-même, sans se fier à aucun agent ; car la beauté est une sorcière dont les sortilèges tournent en sang la fidèle amitié. Semblables accidents se produisent à chaque heure et je ne m'en suis pas méfié !... Adieu donc, Héro !

Entre Bénédict démasqué, cherchant Claudio.

BÉNÉDICT

Le comte Claudio ?

CLAUDIO

Lui-même.

BENEDICK

Come, will you go with me?

CLAUDIO

170 Whither?

BENEDICK

Even to the next willow, about your own business, county... What fashion will you wear the garland of? about your neck, like an usurer's chain? or under your arm, like a lieutenant's scarf? You must wear it one way, for the prince hath got your Hero.

CLAUDIO

I wish him joy of her.

BENEDICK

Why, that's spoken like an honest drover—so they sell bullocks: but did you think the prince would have served you thus?

CLAUDIO

180 I pray you, leave me.

BENEDICK

Ho, now you strike like the blind man. 'Twas the boy that stole your meat, and you'll beat the post.

CLAUDIO

If it will not be, I'll leave you.

[*he goes out.*

BÉNÉDICT

Or ça, voulez-vous me suivre ?

CLAUDIO

Où donc ?

BÉNÉDICT

Jusqu'au saule pleureur [23] le plus proche, pour affaire vous concernant, mon cher comte... A quelle mode voulez-vous en porter guirlande ? Autour du cou, comme une chaîne d'usurier ? ou en bandoulière, comme une écharpe de lieutenant ? Il faut que vous le portiez d'une manière ou d'une autre, car le prince a fait la conquête de votre Héro.

CLAUDIO

Grand bien lui fasse !

BÉNÉDICT

Voilà qui est parlé comme un honnête bouvier : c'est ce qu'on dit en vendant un taureau. Mais auriez-vous cru que le prince allait vous traiter ainsi ?

CLAUDIO

De grâce, laissez-moi.

BÉNÉDICT

Bon, voici maintenant que vous frappez en aveugle [24]. C'est un garnement qui a volé votre dîner et vous battez le poteau !

CLAUDIO

Si vous refusez de partir, c'est moi qui vous laisse.

Il sort.

BENEDICK

Alas, poor hurt fowl—now will he creep into sedges... But, that my Lady Beatrice should know me, and not know me... The prince's fool! ha, it may be I go under that title because I am merry: yea, but so I am apt to do myself wrong: I am not so reputed—it is the base, †the bitter disposition of Beatrice that puts the world into her person, and so gives me out... Well, I'll be revenged as I may.

*Don Pedro returns with Leonato and Hero;
Leonato and Hero talk apart.*

DON PEDRO

Now, signior, where's the count? Did you see him?

BENEDICK

Troth, my lord, I have played the part of Lady Fame. I found him here as melancholy as a lodge in a warren. I told him, and I think I told him true, that your grace had got the good will of this young lady—and I off'red him my company to a willow tree, either to make him a garland, as being forsaken, or to bind him up a rod, as being worthy to be whipped.

DON PEDRO

To be whipped! What's his fault?

BENEDICK

The flat transgression of a school-by, who, being overjoyed with finding a bird's-nest, shows it his companion, and he steals it.

DON PEDRO

Wilt thou make a trust a transgression? The transgression is in the stealer.

BÉNÉDICT

Hélas, pauvre oiseau blessé ! Il va se cacher dans les roseaux. Mais que Dame Béatrice m'ait si bien connu sans me reconnaître ! Le bouffon du prince... Ah, il se peut qu'on me surnomme ainsi, car j'aime à rire ; mais non, je suis trop prompt à me faire injure. Ce n'est pas ainsi qu'on me juge. C'est l'humeur dénigrante et amère de Béatrice — elle prend son opinion pour celle du monde entier — qui m'attribue cette réputation. C'est bon, je me vengerai de mon mieux.

Don Pédro rentre avec Léonato et Héro ; Léonato et Héro conversent en aparté.

DON PÉDRO

Dites-moi, signor, où est le comte ? L'avez-vous vu ?

BÉNÉDICT

Ma foi, monseigneur, je viens de jouer le rôle de Dame Renommée. Je l'ai trouvé ici, aussi mélancolique qu'une cabane solitaire dans une garenne. Je lui ai dit, et je pense avoir dit vrai, que Votre Altesse avait obtenu les bonnes grâces de cette jeune personne et je lui ai offert de l'accompagner jusqu'à un saule, pour lui cueillir, soit une guirlande parce qu'il est abandonné, soit une poignée de verges, car il mérite d'être fouetté.

DON PÉDRO

D'être fouetté ! Quelle est sa faute ?

BÉNÉDICT

Le délit patent d'un écolier qui, débordant de joie d'avoir trouvé un nid, le montre à son camarade qui le lui vole.

DON PÉDRO

Tiendrais-tu donc la confiance pour un délit ? C'est le voleur qui est coupable.

BENEDICK

Yet it had not been amiss the rod had been made, and the garland too—for the garland he might have worn himself, and the rod he might have bestowed on you, who, as I take it, have stolen his bird's nest.

DON PEDRO

210 I will but teach them to sing, and restore them to the owner.

BENEDICK

If their singing answer your saying, by my faith you say honestly.

DON PEDRO

The Lady Beatrice hath a quarrel to you. The gentleman that danced with her told her she is much wronged by you.

BENEDICK

O, she misused me past the endurance of a block: an oak but with one green leaf on it would have, answered her: my very visor began to assume life and scold with
220 her... She told me, not thinking I had been myself, that I was the prince's jester, that I was duller than a great thaw—huddling jest upon jest with such impossible conveyance upon me, that I stood like a man at a mark, with a whole army shooting at me... She speaks poniards, and every word stabs: if her breath were as terrible as her terminations, there were no living near her, she would infect to the north star... I would not marry her, though she were endowed with all that Adam had left him before he

BÉNÉDICT

Il n'était pourtant pas mauvais de préparer les verges, et de plus la guirlande... car la guirlande il peut la porter lui-même et les verges vous les donner, à vous qui, à ce que je comprends, lui avez volé son nid.

DON PÉDRO

Je ne veux qu'apprendre à chanter aux oisillons pour les rendre ensuite à leur possesseur.

BÉNÉDICT

Si leur ramage répond à votre langage, par ma foi, vous parlez en honnête homme.

DON PÉDRO

Madame Béatrice se plaint de vous. Un gentilhomme qui dansait avec elle lui a dit que vous la maltraitiez fort.

BÉNÉDICT

Oh, c'est elle qui m'a maltraité à lasser la patience d'une souche : un chêne qui n'aurait plus eu qu'une feuille verte lui aurait répondu. Mon masque lui-même commençait à prendre vie et à la gourmander. Elle m'a dit, sans se douter qu'elle s'adressait à moi, que j'étais le bouffon du prince et plus ennuyeux qu'un grand dégel ; elle m'a lancé brocard sur brocard avec une si inconcevable dextérité que je suis resté planté comme le marqueur à la cible[25], tandis qu'une armée entière me tirait dessus... Ses paroles sont des poignards et chaque pointe transperce ; si son haleine était aussi redoutable que ses phrases, il n'y aurait plus rien de vivant à proximité, elle infecterait l'air jusqu'à l'étoile du Nord... Je ne voudrais pas l'épouser quand elle aurait en dot tout ce qu'Adam avait en propre avant la

transgressed. She would have made Hercules have turned spit, yea, and have cleft his club to make the fire too... Come, talk not of her. You shall find her the infernal Ate in good apparel—I would to God some scholar would conjure her, for certainly, while she is here, a man may live as quiet in hell as in a sanctuary—and people sin upon purpose because they would go thither, so indeed all disquiet, horror, and perturbation follow her.

Claudio and Beatrice enter, talking together.

DON PEDRO

Look, here she comes.

BENEDICK

Will your grace command me any service to the world's end? I will go on the slightest errand now to the Antipodes that you can devise to send me on: I will fetch you a tooth-picker now from the furthest inch of Asia: bring you the length of Prester John's foot: fetch you a hair off the great Cham's beard: do you any embassage to the Pigmies—rather than hold three words' conference with this harpy. You have no employment for me?

DON PEDRO

None, but to desire your good company.

BENEDICK

O God, sir, here's a dish I love not—I cannot endure my Lady Tongue.

[he goes within.

Faute. Elle aurait réduit Hercule à tourner la broche, que dis-je ? à fendre sa massue en bûchettes pour allumer le feu. Tenez, ne me parlez pas d'elle. Croyez-moi, c'est l'infernale Até cachée sous de beaux atours. Comme je voudrais, mon Dieu, qu'un savant docteur l'exorcisât, car en vérité, tant qu'elle est sur terre, la vie sera aussi paisible en enfer que dans un asile sacré et les gens pécheront exprès dans l'espoir d'y aller, car toute inquiétude, toute horreur et toute perturbation forment ici la suite de Béatrice !

Entrent Claudio et Béatrice, devisant.

DON PÉDRO

Tenez, la voici qui vient.

BÉNÉDICT

Votre Grâce voudrait-elle me charger de n'importe quelle mission au bout du monde ? Je partirai à l'instant même accomplir aux Antipodes la plus insignifiante besogne que vous inventerez de m'assigner : j'irai vous chercher un cure-dent sur le plus lointain pouce de terre asiatique, je mesurerai pour vous le pied du Prêtre Jean[26], j'arracherai un poil à la barbe du grand Khan, je vous remplirai n'importe quelle mission auprès des Pygmées... plutôt que d'échanger trois mots de conversation avec cette harpie. N'avez-vous aucun emploi pour moi ?

DON PÉDRO

Je ne vous demande que de m'accorder la joie de votre compagnie.

BÉNÉDICT

Oh mon Dieu, monsieur, il y a ici un plat que je n'aime pas : je ne peux pas souffrir Madame la Langue.

Il sort.

DON PEDRO

Come, lady, come, you have lost the heart of Signior Benedick.

BEATRICE [*comes forward*].

Indeed my lord, he lent it me awhile, and I gave him use for it—a double heart for his single one. Marry, once before he won it of me with false dice, therefore your grace may well say I have lost it.

DON PEDRO

You have put him down, lady, you have put him down.

BEATRICE

So I would not he should do me, my lord, lest I should prove the mother of fools... I have brought Count Claudio, whom you sent me to seek.

DON PEDRO

Why, how now count, wherefore are you sad?

CLAUDIO

Not sad, my lord.

DON PEDRO

How then? Sick?

CLAUDIO

Neither, my lord.

DON PÉDRO

Venez, madame, venez : vous avez perdu le cœur du seigneur Bénédict.

BÉATRICE, *s'avançant.*

Il est vrai, monseigneur, qu'il me l'avait prêté pour quelque temps, et je l'ai payé avec usure : un cœur double pour son cœur simple. Mais voilà qu'il me l'a regagné en se servant de dés pipés, aussi Votre Grâce a-t-elle bien raison de dire que je l'ai perdu.

DON PÉDRO

Vous avez terrassé Bénédict, madame, vous l'avez terrassé.

BÉATRICE

C'est ce que je ne voudrais pas qu'il me fît, monseigneur, j'aurais trop peur de donner le jour à des fous... J'ai ramené le comte Claudio, que vous m'aviez envoyée chercher.

DON PÉDRO

Eh bien, que se passe-t-il, comte, et pourquoi êtes-vous triste ?

CLAUDIO

Je ne suis pas triste, monseigneur.

DON PÉDRO

Vous êtes donc malade ?

CLAUDIO

Pas davantage, monseigneur.

BEATRICE

The count is neither sad, nor sick, nor merry, nor well: but civil count—civil as an orange, and something of that jealous complexion.

DON PEDRO

I'faith lady, I think your blazon to be true, though I'll be sworn, if he be so, his conceit is false... Here, Claudio, I have wooed in thy name and fair Hero is won, I have broke with her father and his good will obtained. Name the day of marriage, and God give thee joy.

LEONATO [*leads Hero forward*].

Count, take of me my daughter, and with her my fortunes: his grace hath made the match, and all grace say Amen to it.

BEATRICE

Speak, count, 'tis your cue.

CLAUDIO

Silence is the perfectest herald of joy—I were but little happy, if I could say how much! Lady, as you are mine, I am yours. I give away myself for you and dote upon the exchange.

BEATRICE

Speak cousin, or, if you cannot, stop his mouth with a kiss, and let not him speak neither.

DON PEDRO

In faith, lady, you have a merry heart.

BÉATRICE

Le comte n'est ni triste, ni malade, ni gai, ni bien portant. Ce gentilhomme est civil, comme une orange est de Séville, et sa mine jalouse en a quelque peu la couleur.

DON PÉDRO

En vérité, madame, je crois que votre portrait est exact, mais si le comte est jaloux, c'est sans fondement, je le jure... Tiens, Claudio, j'ai fait ma cour en ton nom et la belle Héro est conquise ; je m'en suis ouvert à son père et j'ai obtenu son agrément. Fixe le jour de vos noces et que Dieu te donne joie.

LÉONATO

Comte, recevez ma fille de mes mains et avec elle ma fortune : c'est Sa Grâce qui a fait cette union, que la source de toute grâce la bénisse.

BÉATRICE

Parlez, comte. A vous la réplique.

CLAUDIO

Il n'est plus parfait héraut de joie que le silence. Je serais petitement heureux si je pouvais dire combien je le suis. Madame, je suis à vous, si vous êtes à moi. Je me donne pour vous avoir et cet échange fait mon bonheur.

BÉATRICE

Parle, cousine, ou si tu ne le peux pas, ferme-lui la bouche d'un baiser et ne le laisse pas parler non plus.

DON PÉDRO

Ma foi, madame, vous avez le cœur gai !

BEATRICE

Yea, my lord, I thank it—poor fool, it keeps on the windy side of care. My cousin tells him in his ear that he is in her heart.

CLAUDIO

And so she doth, cousin.

BEATRICE

Good Lord, for alliance! Thus goes every one to the world but I, and I am sun-burnt. I may sit in a corner and cry 'heigh-ho for a husband.'

DON PEDRO

Lady Beatrice, I will get you one.

BEATRICE

I would rather have one of your father's getting: hath your grace ne'er a brother like you? Your father got excellent husbands if a maid could come by them.

DON PEDRO

Will you have me, lady?

BEATRICE

No, my lord, unless I might have another for working-days—your grace is too costly to wear every day... But I beseech your grace pardon me, I was born to speak all mirth and no matter.

BÉATRICE

Eh oui, monseigneur. Je lui sais gré, à ce pauvre innocent, de se tenir bien au vent du souci. Voyez, ma cousine lui glisse dans l'oreille qu'elle le porte dans son cœur.

CLAUDIO

C'est ce qu'elle fait, cousine.

BÉATRICE

Loué soit Dieu, la famille s'accroît ! Tout le monde se marie, les uns après les autres, sauf moi, et mon teint se bronze[27]. Je n'ai plus qu'à m'asseoir dans un coin et à crier : « Un mari, s'il vous plaît ! »

DON PÉDRO

Dame Béatrice, je vous en procurerai un de ma façon.

BÉATRICE

J'aimerais mieux qu'il fût de la procure de votre père. Votre Grâce n'a-t-elle pas un frère qui lui ressemble ? Votre père a fait d'excellents maris pour les filles qui peuvent y prétendre.

DON PÉDRO

Voulez-vous de moi, madame ?

BÉATRICE

Non, monseigneur. A moins d'avoir un autre mari pour les jours ouvrables : Votre Grâce est trop magnifique et ne peut se porter que le dimanche... Mais je supplie Votre Grâce de me pardonner, je suis née pour plaisanter sans rime ni raison.

DON PEDRO

Your silence most offends me, and to be merry best becomes you, for out o' question you were born in a merry hour.

BEATRICE

No, sure, my lord, my mother cried—but then there was a star danced, and under that was I born. Cousins, God give you joy!

LEONATO

Niece, will you look to those things I told you of?

BEATRICE

310 I cry you mercy, uncle. By your grace's pardon.
[she bows and goes out.

DON PEDRO

By my troth, a pleasant-spirited lady.

LEONATO

There's little of the melancholy element in her, my lord. She is never sad but when she sleeps, and not ever sad then: for I have heard my daughter say, she hath often dreamt of unhappiness and waked herself with laughing.

DON PEDRO

She cannot endure to hear tell of a husband.

DON PÉDRO

Votre silence est ce qui m'offenserait le plus, et la gaieté ce qui vous sied le mieux : à n'en pas douter vous êtes née dans une heure de joie.

BÉATRICE

Non, certes, monseigneur, car ma mère criait... mais il y avait une étoile qui dansait, et c'est sous cette étoile que je suis née. Mes cousins, que Dieu vous tienne en joie.

LÉONATO

Ma nièce, voudriez-vous veiller à ces choses dont je vous ai parlé ?

BÉATRICE

J'en appelle à votre merci, mon oncle. Si Votre Grâce veut bien m'excuser...

Elle sort.

DON PÉDRO

Par ma foi, que cette demoiselle a l'humeur plaisante !

LÉONATO

Il y a fort peu de mélancolie en elle, monseigneur. Elle n'est sérieuse que lorsqu'elle dort, et encore pas toujours, car j'ai entendu ma fille raconter qu'il lui arrive souvent de rêver de malheur et d'être éveillée peu après par ses propres éclats de rire.

DON PÉDRO

Elle ne peut souffrir qu'on lui parle d'un mari.

LEONATO

O, by no means—she mocks all her wooers out of suit.

DON PEDRO

She were an excellent wife for Benedick.

LEONATO

O Lord, my lord, if they were but a week married, they would talk themselves mad.

DON PEDRO

County Claudio, when mean you to go to church?

CLAUDIO

To-morrow, my lord. Time goes on crutches till love have all his rites.

LEONATO

Not till Monday, my dear son, which is hence a just sevennight—and a time too brief too, to have all things answer my mind.

DON PEDRO

Come, you shake the head at so long a breathing—but I warrant thee, Claudio, the time shall not go dully by us. I will in the interim undertake one of Hercules' labours, which is, to bring Signior Benedick and the Lady Beatrice into a mountain of affection th'one with th'other. I would fain have it a match—and I doubt not but to fashion it, if you three will but minister such assistance as I shall give you direction.

LÉONATO

Oh, pour rien au monde : elle éconduit tous ses soupirants par ses railleries.

DON PÉDRO

Elle ferait une excellente épouse pour Bénédict.

LÉONATO

Oh ! Seigneur Dieu, monseigneur ! En une semaine de mariage, ils se rendraient fous mutuellement à force de jacasser.

DON PÉDRO

Comte Claudio, quand pensez-vous aller à l'église ?

CLAUDIO

Demain, monseigneur. Le Temps chemine sur des béquilles tant que l'Amour n'a pas eu tous ses rites.

LÉONATO

Pas avant lundi, mon cher fils, c'est-à-dire dans une semaine tout juste... et ce sera encore trop court pour tout préparer selon mon désir.

DON PÉDRO

Je vois que ce délai de longue haleine vous fait secouer la tête, mais je te garantis, Claudio, que le temps passera pour nous sans ennui. Je veux, en attendant, entreprendre un des travaux d'Hercule, à savoir : faire naître entre le signor Bénédict et la dame Béatrice un amour grand comme une montagne. J'aimerais beaucoup les marier, et je ne doute pas d'y parvenir si, tous les trois, vous voulez bien me seconder de la manière que je vous indiquerai.

LEONATO

My lord, I am for you, though it cost me ten nights' watchings.

CLAUDIO

340 And I, my lord.

DON PEDRO

And you too, gentle Hero?

HERO

I will do any modest office, my lord, to help my cousin to a good husband.

DON PEDRO

And Benedick is not the unhopefullest husband that I know: thus far can I praise him—he is of a noble strain, of approved valour, and confirmed honesty. [*to Hero*] I will teach you how to humour your cousin, that she shall fall in love with Benedick. [*to Leonato and Claudio*] And I, with your two helps, will
350 so practise on Benedick that, in despite of his quick wit and his queasy stomach, he shall fall in love with Beatrice... If we can do this, Cupid is no loger an archer, his glory shall be ours—for we are the only love-gods. Go in with me, and I will tell you my drift.

[*they go within, Hero on the arm of Claudio.*

LÉONATO

Vous pouvez compter sur moi, monseigneur, quand il m'en coûterait dix nuits de veille.

CLAUDIO

Et sur moi aussi, monseigneur.

DON PÉDRO

Et sur vous, gentille Héro ?

HÉRO

Je ferai tout ce qui se peut honnêtement faire, monseigneur, pour aider ma cousine à trouver un bon mari.

DON PÉDRO

Et Bénédict, en fait de mari, n'est pas celui qui promet le moins. Je puis dire ceci en sa faveur : il est de souche noble, de valeur éprouvée, et de loyauté reconnue. *(à Héro)* Je vous enseignerai à travailler votre cousine en sorte qu'elle tombe amoureuse de Bénédict, et moi, aidé de vous deux *(à Léonato et Claudio)*, j'agirai si bien sur Bénédict qu'en dépit de ses saillies et de ses airs dégoûtés, il sera forcé de tomber amoureux de Béatrice. Si nous y réussissons, Cupidon ne sera plus archer, sa gloire nous appartiendra, car nous seuls serons dieux d'amour. Entrez avec moi, je vais vous exposer mon plan.

Ils sortent.

[II, 2.]

DON JOHN *and* BORACHIO, *coming from the banquet, meet them in the door.*

DON JOHN

It is so—the Count Claudio shall marry the daughter of Leonato.

BORACHIO

Yea my lord, but I can cross it.

DON JOHN

Any bar, any cross, any impediment will be medicinable to me. I am sick in displeasure to him, and whatsoever comes athwart his affection ranges evenly with mine. How canst thou cross this marriage?

BORACHIO

Not honestly, my lord—but so covertly that no dishonesty shall appear in me.

DON JOHN

10 Show me briefly how.

BORACHIO

I think I told your lordship, a year since, how much I am in the favour of Margaret, the waiting-gentlewoman to Hero.

SCÈNE II

Entrent DON JUAN *et* BORACHIO.

DON JUAN

C'est décidé. Le comte Claudio épouse la fille de Léonato.

BORACHIO

Oui, monseigneur, mais je puis y mettre obstacle.

DON JUAN

Toute entrave, tout obstacle, tout empêchement me sera remède. L'aversion qu'il m'inspire me rend malade, et tout ce qui traverse ses désirs s'accorde avec les miens. Comment peux-tu mettre obstacle à ce mariage ?

BORACHIO

Pas de façon honnête, monseigneur, mais si secrètement qu'on ne verra en moi rien de malhonnête.

DON JUAN

Explique-moi comment, en quelques mots.

BORACHIO

Je crois avoir dit l'an dernier à Votre Seigneurie que je suis en grande faveur auprès de Marguerite, la dame d'atour de Héro.

DON JOHN

I remember.

BORACHIO

I can, at any unseasonable instant of the night, appoint her to look out at her lady's chamber-window.

DON JOHN

What life is in that to be the death of this marriage?

BORACHIO

The poison of that lies in you to temper. Go you to the prince your brother, spare not to tell him that he hath wronged his honour in marrying the renowned Claudio—whose estimation do you mightily hold up—to a contaminated stale, such a one as Hero.

DON JOHN

What proof shall I make of that?

BORACHIO

Proof enough to misuse the prince; to vex Claudio, to undo Hero, and kill Leonato. Look you for any other issue?

DON JOHN

Only to despite them, I will endeavour any thing.

BORACHIO

Go then, find me a meet hour to draw Don Pedro and the Count Claudio alone, tell them that you know

DON JUAN

Je m'en souviens.

BORACHIO

Je peux convenir avec elle qu'à une heure indue de la nuit elle se montrera à la fenêtre de sa maîtresse.

DON JUAN

Quelle vertu y a-t-il là pour anéantir ce mariage ?

BORACHIO

A vous d'en doser le poison. Allez trouver le prince votre frère ; ne vous faites pas faute de lui dire qu'il compromet son honneur en mariant l'illustre Claudio — dont vous louerez hautement la valeur — à une catin tarée, une fille comme Héro.

DON JUAN

Quelles preuves en donnerai-je ?

BORACHIO

Assez de preuves pour abuser le prince, navrer Claudio, perdre Héro et tuer Léonato. Que demandez-vous d'autre ?

DON JUAN

Rien que pour les dépiter, je tenterai n'importe quoi.

BORACHIO

En route, alors : trouvez-moi une heure propice pour prendre à part Don Pédro et le comte Claudio ;

that Hero loves me, intend a kind of zeal both to the
prince and Claudio, as in love of your brother's
honour, who hath made this match, and his friend's
reputation, who is thus like to be cozened with the
semblance of a maid that you have discovered this.
They will scarcely believe without trial: offer them
instances, which shall bear no less likelihood than to
see me at her chamber-window, hear me call Margaret
Hero, hear Margaret term me Claudio—and bring
them to see this the very night before the intended
wedding. For in the meantime I will so fashion the
matter that Hero shall be absent, and there shall
appear such seeming truth of Hero's disloyalty, that
jealousy shall be called assurance, and all the preparation overthrown.

DON JOHN

Grow this to what adverse issue it can, I will put it in practice... Be cunning in the working this, and thy fee is a thousand ducats.

BORACHIO

Be you constant in the accusation, and my cunning shall not shame me.

DON JOHN

I will presently go learn their day of marriage.

[they go.

dites-leur que vous savez que Héro m'aime, affectez une sorte de zèle tout ensemble pour le prince et pour Claudio, donnez à entendre que vous faites cette révélation par souci de l'honneur de votre frère qui a concerté ce mariage, et de la réputation de son ami, qui allait être dupé par une pseudo-pucelle. Ils n'y croiront guère sans preuves ; vous leur en offrirez d'aussi convaincantes que de me voir sous la fenêtre de sa chambre, de m'entendre appeler Marguerite Héro, et d'entendre Marguerite m'appeler Claudio... et menez-les voir cela la nuit qui précédera le mariage projeté. Car, d'ici là, je vais prendre des dispositions pour que la fiancée soit éloignée de sa chambre : ainsi la déloyauté de Héro paraîtra si réelle que le soupçon jaloux se fera certitude et que tout leur arrangement sera par terre.

DON JUAN

Quand le plus grand mal en devrait résulter, je veux mettre ton projet en œuvre... Sois habile dans tes préparatifs, il y a mille ducats pour toi.

BORACHIO

Soyez vous-même ferme dans vos accusations et je n'aurai pas à rougir de mon habileté.

DON JUAN

Je vais m'informer à l'instant du jour de leur mariage.

Ils sortent.

[II, 3.]

The orchard, adjoining the house of Leonato.

BENEDICK *enters the orchard, musing; he yawns.*

BENEDICK [*calls*].

Boy!

[*a boy runs up.*

BOY

Signior.

BENEDICK

In my chamber-window lies a book, bring it hither to me in the orchard.

BOY

I am here already, sir.

BENEDICK

I know that—but I would have thee hence, and here again... [*the boy departs; Benedick sits*] I do much wonder, that one man seeing how much another man is a fool when he dedicates his behaviours to love, will
10 after he hath laughed at such shallow follies in others, become the argument of his own scorn by falling in love. And such a man is Claudio. I have known when there was no music with him but the drum and the fife, and now had he rather hear the tabor and the pipe: I have known when he would have walked ten mile afoot, to see a good armour, and now will he lie

SCÈNE III

Le verger de Léonato.

Entre BÉNÉDICT, *rêvant.*

BÉNÉDICT, *appelant.*

Page !

Entre un page.

LE PAGE

Signor.

BÉNÉDICT

Sur la fenêtre de ma chambre est posé un livre, apporte-le-moi au verger.

LE PAGE

J'y suis déjà, monsieur, au verger.

BÉNÉDICT

Je le sais bien... mais je veux que tu t'en ailles d'ici et que tu y reviennes (*le page sort*). Je m'étonne fort qu'un homme, voyant combien un autre homme est assoté quand il laisse l'amour gouverner sa conduite, puisse, après avoir ri de ces pauvres niaiseries chez autrui, s'exposer à son propre mépris en tombant amoureux. Et c'est le cas de Claudio. J'ai connu le temps où il n'y avait pour lui d'autre musique que le tambour et le fifre, et maintenant il leur préfère le tambourin et le pipeau ; j'ai connu le temps où il aurait fait dix milles à pied pour voir une bonne armure, et

ten nights awake carving the fashion of a new doublet: he was wont to speak plain, and to the purpose (like an honest man and a soldier) and now is he turned orthography—his words are a very fantastical banquet, just so many strange dishes... May I be so converted, and see with these eyes? I cannot tell—I think not: I will not be sworn but love may transform me to an oyster, but I'll take my oath on it, till he have made an oyster of me, he shall never make me such a fool... One woman is fair, yet I am well: another is wise, yet I am well: another virtuous, yet I am well: but till all graces be in one woman, one woman shall not come in my grace... Rich she shall be, that's certain: wise, or I'll none: virtuous, or I'll never cheapen her : fair, or I'll never look on her: mild, or come not near me: noble, or not I for an angel: of good discourse, an excellent musician, and her hair shall be of what colour it please God. [*voices heard*] Ha! the prince and Monsieur Love! I will hide me in the arbour.

[*he does so.
Don Pedro, Leonato, and Claudio approach,
followed by Balthazar with a lute; Claudio
stands beside the arbour and peeps through the
honeysuckle.*

DON PEDRO

Come, shall we hear this music?

CLAUDIO

Yea, my good lord... How still the evening is,
As hushed on purpose to grace harmony!

DON PEDRO

See you where Benedick hath hid himself?

maintenant il passera dix nuits blanches à calculer la coupe d'un pourpoint nouveau ; il avait coutume de parler net et toujours à propos (en honnête homme et en soldat) et le voilà devenu grand maître en orthographe[28], sa conversation est un extravagant banquet où chaque mot est un mets inconnu... Se pourrait-il que je connaisse jamais pareille conversion, tant que j'y verrai de ces yeux ? Je ne saurais le dire, je crois que non. Je ne jurerais pas que l'amour ne me puisse transformer en huître, mais j'en fais le serment, tant qu'il n'aura pas fait de moi une huître, il ne me rendra jamais pareillement imbécile. Telle femme est jolie, je ne m'en porte pas plus mal ; une autre est intelligente, je ne m'en porte pas plus mal ; une autre encore est vertueuse, je ne m'en porte pas plus mal ; mais tant que toutes les grâces ne seront pas réunies dans une seule femme, pas une seule femme ne trouvera grâce devant moi. Riche devra-t-elle être, c'est certain ; intelligente, ou je n'en veux pas ; vertueuse, ou je ne fais pas marché ; jolie, ou je refuse de la voir ; douce, sinon qu'elle ne m'approche pas ; noble, ou, fût-elle un ange, je ne la prends pas ; elle s'exprimera bien, sera excellente musicienne, et ses cheveux devront avoir la couleur que Dieu leur prêta. *(on entend des voix)* Oh ! le prince, avec Monsieur de l'Amour ! cachons-nous sous cette tonnelle.

Entrent Don Pédro, Léonato, Claudio, suivis de Balthazar portant un luth.

DON PÉDRO

Eh bien, allons-nous entendre cette musique ?

CLAUDIO

Oui, mon bon seigneur... comme le soir est calme : il semble se taire pour honorer l'harmonie.

DON PÉDRO

Voyez-vous où s'est caché Bénédict ?

CLAUDIO

O very well, my lord: the music ended,
†We'll fit the hid-fox with a pennyworth.

DON PEDRO

Come Balthazar, we'll hear that song again.

BALTHAZAR

O good my lord, tax not so bad a voice
To slander music any more than once.

DON PEDRO

It is the witness still of excellency,
To put a strange face on his own perfection.
I pray thee sing, and let me woo no more.

BALTHAZAR

Because you talk of wooing, I will sing—
50 Since many a wooer doth commence his suit
To her he thinks not worthy, yet he wooes,
Yet will he swear he loves.

DON PEDRO

                  Nay, pray thee com,
Or if thou wilt hold longer argument,
Do it in notes.

BALTHAZAR

           Note this before my notes—
There's not a note of mine that's worth the noting.

CLAUDIO

Oh, très bien, monseigneur. Le concert terminé, nous ferons payer à ce renard caché [29] un gage pour son indiscrétion.

DON PÉDRO

Allons, Balthazar, nous voudrions entendre de nouveau cette chanson.

BALTHAZAR

Ah! mon bon seigneur, n'exigez pas qu'une voix aussi médiocre massacre cette musique plus d'une fois.

DON PÉDRO

C'est toujours la marque de l'accomplissement que de méconnaître sa propre excellence. Chante, voyons, faut-il qu'on te fasse la cour?

BALTHAZAR

Puisque vous parlez de faire la cour, je vais chanter; car n'arriva-t-il pas souvent que l'amoureux sollicite une femme qu'il sait indigne? Et pourtant, il la prie! Et pourtant, il lui jure qu'il l'aime!

DON PÉDRO

Ah non, de grâce, commence! Et si tu veux poursuivre ton discours, que ce soit à l'aide de notes.

BALTHAZAR

Notez ceci avant mes notes : il n'est pas une de mes notes qui vaille d'être notée.

DON PEDRO

Why these are very crotchets that he speaks—
Note notes, forsooth, and nothing!

[Balthazar begins to play.

(BENEDICK

Now, divine air! now is his soul ravished. Is it not strange that sheeps' guts should hale souls out of men's bodies? Well, a horn for my money, when all's done.

Balthazar sings.

Sigh no more, ladies, sigh no more,
   Men were deceivers ever,
One foot in sea, and one on shore,
   To one thing constant never.

Then sigh not so, but let them go,
   And be you blithe and bonny,
Converting all your sounds of woe
   Into Hey nonny, nonny.

Sing no more ditties, sing no mo
   Of dumps so dull and heavy,
The fraud of men was ever so,
   Since summer first was leavy.

Then sigh not so, but let them go,
   And be you blithe and bonny,
Converting all your sounds of woe
   Into Hey nonny, nonny.

DON PEDRO

By my troth, a good song.

BALTHAZAR

And an ill singer, my lord.

DON PÉDRO

Que nous chantes-tu là ? Tes croches accrochent.
Aère ton air, ton air, morbleu, rien que ton air [30].

Balthazar prélude.

(BÉNÉDICT

En avant l'air divin ! Aux nues l'âme ravie ! N'est-ce pas étrange que des boyaux de mouton puissent ainsi haler l'âme d'un homme hors de son corps ? A tout prendre, et pour mon goût, vive le cor de chasse !

Balthazar chante.

Plus de soupirs, mesdames en songeant
    A l'inconstance des amants,
Toujours courant à des amours nouvelles,
Un pied sur le rivage et l'autre en caravelle,
Plus de soupirs : laissez-les s'encourir.
    Riez, chantez, faites-vous belles,
    Changez-moi ces tristes minois
    En tradéri-déra, lon la.

Ne chantez plus de complaintes chagrines
Où la douleur le dispute à l'ennui.
    Toujours les hommes ont trahi,
Depuis qu'été reverdit la colline.
Plus de soupirs : laissez s'encourir.
    Riez, chantez, faites-vous belles,
    Changez-moi ces tristes minois
    En tradéri-déra, lon la.

DON PÉDRO

Ma foi, c'est une bonne chanson !

BALTHAZAR

Chantée de piètre façon, monseigneur.

DON PEDRO

Ha, no, no, faith—thou sing'st well enough for a shift.

[he talks apart with Claudio and Leonato.

(BENEDICK

An he had been a dog that should have howled thus, they would have hanged him. And I pray God his bad voice bode no mischief—I had as lief have heard the night-raven, come what plague could have come after it.

DON PEDRO

Yea, marry. *[turns]* Dost thou hear, Balthazar? I pray thee get us some excellent music : for to-morrow night we would have it at the Lady Hero's chamber-window.

BALTHAZAR

The best I can, my lord.

DON PEDRO

Do so, farewell...

[Balthazar goes.

Come hither, Leonato. What was it you told me of to-day? that your niece Beatrice was in love with Signior Benedick?

Benedick crouches close to the side of the arbour that he may hear the better.

(CLAUDIO [*peeping*].

O ay, stalk on, stalk on—the fowl sits... *[aloud]* I did never think that lady would have loved any man.

DON PÉDRO

Mais non, mais non, en cas de besoin, tu ne fais pas un mauvais chanteur.

Il converse en aparté avec Claudio et Léonato.

(BÉNÉDICT

Un chien aurait poussé semblables hurlements qu'on l'eût pendu. Plaise à Dieu que sa vilaine voix ne soit pas un présage de malheur ! Autant ouïr le cri de la chouette, quelque désastre qu'il s'ensuive.

DON PÉDRO

Oui, certes. (*Il se retourne*) Entends-tu, Balthazar ? Je t'en prie, procure-nous de très bonne musique, car demain soir nous voulons donner sérénade sous la fenêtre de Madame Héro.

BALTHAZAR

La meilleure que je pourrai, monseigneur.

DON PÉDRO

Nous y comptons. Adieu.

Sort Balthazar.

Approchez-vous, Léonato. Que me disiez-vous tout à l'heure ? Que votre nièce Béatrice est amoureuse du signor Bénédict ?

Bénédict se rapproche de l'entrée de la tonnelle pour entendre.

(CLAUDIO, *guettant Bénédict.*

Oh, à l'affût, à l'affût !... l'oiseau est posé [31]. (*Haut*) Je ne croyais pas que cette dame pût jamais aimer homme au monde.

LEONATO

No, nor I neither—but most wonderful that she should so dote on Signior Benedick, whom she hath in all outward behaviours seemed ever to abhor.

(BÉNÉDICT

100 Is't possible? Sits the wind in that corner?

LEONATO

By my troth, my lord, I cannot tell what to think of it, but that she loves him with an enraged affection. It is past the infinite of thought.

DON PEDRO

May be she doth but counterfeit.

CLAUDIO

Faith, like enough.

LEONATO

O God! counterfeit? There was never counterfeit of passion came so near the life of passion as she discovers it.

DON PEDRO

Why, what effects of passion shows she?

(CLAUDIO [*peeps again*].

110 Bait the hook well—this fish will bite.

LEONATO

What effects, my lord! She will sit you—[*to Claudio*] You heard my daughter tell you how.

LÉONATO

Non, ni moi non plus. Mais le plus extraordinaire, c'est qu'elle se soit entichée du signor Bénédict, car son attitude a toujours fait croire qu'elle le détestait.

(BENEDICK

Est-ce possible ? Le vent souffle-t-il de ce côté ?

LÉONATO

Sur ma foi, monseigneur, je ne sais qu'en penser, sinon qu'elle l'aime d'un amour furieux. Cela passe les limites de l'entendement.

DON PÉDRO

Peut-être ne fait-elle que feindre ?

CLAUDIO

Hé, cela se pourrait bien.

LÉONATO

Grand Dieu, feindre ! Jamais l'on ne vit passion feinte s'approcher autant d'une passion réelle que celle dont elle fait preuve.

DON PÉDRO

Vraiment ? Quels signes de passion montre-t-elle ?

(CLAUDIO

Amorcez bien l'hameçon... le poisson va mordre.

LÉONATO

Quels signes, monseigneur ? Elle vous reste assise... (*à Claudio*) vous avez entendu ma fille décrire comment.

CLAUDIO

She did, indeed.

DON PEDRO

How, how, I pray you! You amaze me. I would have thought her spirit had been invincible against all assaults of affection.

LEONATO

I would have sworn it had, my lord—especially against Benedick.

(BENEDICK

I should think this a gull, but that the whitebearded
120 fellow speaks it: knavery cannot, sure, hide himself in such reverence.

(CLAUDIO

He hath ta'en th'infection—hold it up.

DON PEDRO

Hath she made her affection known to Benedick?

LEONATO

No, and swears she never will. That's her torment.

CLAUDIO

'Tis true indeed, so your daughter says: 'Shall I,' says she, 'that have so oft encountered him with scorn, write to him that I love him?'

CLAUDIO

En effet, elle nous l'a dit.

DON PÉDRO

Comment, comment, dites-le-moi. Vous m'en voyez confondu. J'aurais cru son âme inaccessible à tous les assauts de l'amour.

LÉONATO

Je l'aurais juré moi-même, monseigneur, et surtout inaccessible à Bénédict !

(BÉNÉDICT

Je tiendrais tout ceci pour un attrape-nigaud, si le bonhomme à barbe blanche n'y était mêlé : ces dehors vénérables ne sauraient cacher tant de fourberie.

(CLAUDIO

Le voilà pris, tenez bon.

DON PÉDRO

A-t-elle fait connaître sa passion à Bénédict ?

LÉONATO

Non, et elle jure qu'elle ne le fera jamais : c'est là son tourment.

CLAUDIO

Rien de plus vrai. Votre fille l'assure : « Irai-je, dit-elle, moi qui l'ai si souvent accablé de mes dédains, lui écrire que je l'aime ? »

LEONATO

This says she now when she is beginning to write to him, for she'll be up twenty times a night, and there will she sit in her smock till she have writ a sheet of paper: my daughter tells us all.

CLAUDIO

Now you talk of a sheet of paper, I remember a pretty jest your daughter told us of.

LEONATO

O, when she had writ it, and was reading it over, she found 'Benedick' and 'Beatrice' between the sheet?

CLAUDIO

That.

LEONATO

O, she tore the letter into a thousand halfpence, railed at herself that she should be so immodest to write to one that she knew would flout her. 'I measure him,' says she, 'by my own spirit, for I should flout him if he writ to me—yea, though I love him, I should.'

CLAUDIO

Then down upon her knees she falls, weeps, sobs, beats her heart, tears her hair, prays, curses—'O sweet Benedick! God give me patience!'

LEONATO

She doth indeed—my daughter says so. And the ecstasy hath so much overborne her, that my daughter

LÉONATO

Notez qu'elle parle ainsi tout en se mettant à lui écrire, car elle se lève vingt fois la nuit et reste là, en chemise, à couvrir d'écriture une pleine feuille de papier. Ma fille nous a tout dit.

CLAUDIO

Vous parlez de papier, cela me rappelle une plaisante histoire que votre fille nous a rapportée.

LÉONATO

Oh! vous voulez dire, que, la lettre terminée, lorsqu'elle la relut, elle s'aperçut que « Béatrice » et « Bénédict » étaient couchés ensemble... sur le papier?

CLAUDIO

C'est cela même.

LÉONATO

Sur quoi, elle déchira la lettre en mille menus morceaux, se reprochant d'être assez immodeste pour écrire à un homme qui, elle le savait, se moquerait d'elle. « Je mesure, dit-elle, son humeur à la mienne, car je me moquerais de lui s'il m'écrivait : oui, bien que je l'aime, je me moquerais de lui. »

CLAUDIO

Sur quoi, la voilà qui tombe à genoux, pleure, sanglote, se frappe la poitrine, s'arrache les cheveux, éclate en prières et en malédictions. « O mon doux Bénédict ! Que Dieu m'accorde la patience ! »

LÉONATO

C'est exact : ma fille le dit. Et ce délire s'est si bien emparé d'elle que ma fille craint souvent de la voir se

is sometime afeard she will do a desperate outrage to herself. It is very true.

DON PEDRO

It were good that Benedick knew of it by some other, if she will not discover it.

CLAUDIO

To what end? he would make but a sport of it, and torment the poor lady worse.

DON PEDRO

An he should, it were an alms to hang him. She's an excellent sweet lady, and—out of all suspicion—she is virtuous.

CLAUDIO

And she is exceeding wise.

DON PEDRO

In every thing but in loving Benedick.

LEONATO

O my lord, wisdom and blood combating in so tender a body, we have ten proofs to one that blood hath the victory. I am sorry for her, as I have just cause, being her uncle and her guardian.

DON PEDRO

I would she had bestowed this dotage on me. I would have daffed all other respects, and made her half myself... I pray you tell Benedick of it, and hear what a' will say.

livrer contre elle-même à un geste désespéré. Telle est la vérité.

DON PÉDRO

Il serait bon que Bénédict en fût informé par quelque tiers si elle se refuse à le lui révéler.

CLAUDIO

A quoi bon? Il n'en ferait qu'un jeu et n'en tourmenterait que mieux la pauvre demoiselle.

DON PÉDRO

S'il agissait ainsi, ce serait charité de le pendre. C'est une dame parfaitement aimable et d'une vertu au-dessus de tout soupçon.

CLAUDIO

Et des plus avisées.

DON PÉDRO

En toute chose... sauf en son amour pour Bénédict.

LÉONATO

O monseigneur, quand la raison et la passion luttent dans un corps aussi tendre, nous en avons dix exemples contre un, la passion l'emporte. Je suis navré pour elle, et j'en ai bien sujet puisque je suis son tuteur et son oncle.

DON PÉDRO

Je voudrais que ce fût à moi qu'elle eût voué ce fol amour. J'aurais écarté toute autre considération et fait d'elle la moitié de moi-même... Je vous en prie, parlez-en à Bénédict pour voir ce qu'il en dira.

LEONATO

Were it good, think you?

CLAUDIO

Hero thinks surely she will die—for she says she will die if he love her no, and she will die ere she make her love known, and she will die if he woo her rather than she will bate one breath of her accustomed crossness.

DON PEDRO

She doth well. If she should make tender of her love, 'tis very possible he'll scorn it—for the man, as you know all, hath a contemptible spirit.

CLAUDIO

He is a very proper man.

DON PEDRO

He hath indeed a good outward happiness.

CLAUDIO

Before God, and in my mind, very wise.

DON PEDRO

He doth indeed show some sparks that are like wit.

CLAUDIO

And I take him to be valiant.

LÉONATO

Serait-ce profitable, à votre avis ?

CLAUDIO

Héro croit qu'elle en mourra de toute façon : qu'elle mourra s'il ne l'aime pas, qu'elle mourra plutôt que de lui révéler son amour, et qu'elle mourra — s'il lui fait la cour — plutôt que de rabattre une syllabe de ses rebuffades habituelles.

DON PÉDRO

Elle a raison. Si elle lui offrait son amour, il est très probable qu'il en ferait fi, car Bénédict, vous le savez tous, a l'esprit dédaigneux.

CLAUDIO

C'est un homme fort bien fait.

DON PÉDRO

Il a, en effet, des dehors heureux.

CLAUDIO

Eh, parbleu, oui. En outre, à mon avis, il est plein de bon sens.

DON PÉDRO

Il lui échappe, c'est vrai, quelques étincelles qui ressemblent à de l'esprit.

CLAUDIO

Et je le crois brave.

DON PEDRO

180   As Hector, I assure you. And in the managing of
quarrels you may say he is wise, for either he avoids
them with great discretion, or undertakes them with a
most Christian-like fear.

LEONATO

If he do fear God, a' must necessarily keep
peace. If he break the peace, he ought to enter into a
quarrel with fear and trembling.

DON PEDRO

And so will he do—for the man doth fear God,
howsoever it seems not in him by some large jests he
will make... Well, I am sorry for your niece. Shall
190   we go seek Benedick, and tell him of her love?

CLAUDIO

Never tell him, my lord. Let her wear it out with
good counsel.

LEONATO

Nay, that's impossible—she may wear her heart out
first.

DON PEDRO

Well, we will hear further of it by your daughter.
Let it cool the while. I love Benedick well, and I
could wish he would modestly examine himself, to see
how much he is unworthy so good a lady.

DON PÉDRO

Ouais, autant qu'Hector[32]! A voir comment il se comporte dans une querelle, on ne peut que constater combien il est sage, car ou bien il l'évite avec beaucoup de discrétion, ou bien il s'y engage avec une crainte toute chrétienne.

LÉONATO

Pour peu qu'il craigne Dieu, il faut nécessairement qu'il maintienne la paix. S'il la rompt, alors il ne peut prendre part à la querelle qu'avec crainte et tremblement.

DON PÉDRO

C'est bien ce qu'il fait. Car notre homme craint Dieu, quoiqu'il n'y paraisse guère aux grosses plaisanteries qu'il lance parfois. Vraiment, je suis désolé pour votre nièce. Irons-nous trouver Bénédict pour lui dire qu'elle l'aime ?

CLAUDIO

Jamais, monseigneur. Mieux vaut qu'elle s'arrache cet amour du cœur à force de volonté.

LÉONATO

Hélas, c'est impossible, elle s'arracherait plutôt le cœur !

DON PÉDRO

Allons, nous aurons d'autres nouvelles par votre fille. Laissons l'affaire reposer en attendant. J'aime beaucoup Bénédict, et je souhaiterais qu'il s'examinât avec modestie, il verrait combien il est indigne d'une si excellente dame.

LEONATO

My lord, will you walk? dinner is ready.

[they draw away from the arbour.

(CLAUDIO

If he do not dote on her upon this, I will never trust my expectation.

(DON PEDRO

Let there be the same net spread for her—and that must your daughter and her gentlewomen carry... The sport will be, when they hold one an opinion of another's dotage, and no such matter. That's the scene that I would see, which will be merely a dumb-show... Let us send her to call him in to dinner.

They depart; Benedick comes from the arbour.

BENEDICK

This can be no trick. The conference was sadly borne. They have the truth of this from Hero. They seem to pity the lady... It seems her affections have their full bent... Love me! why, it must be requited... I hear how I am censured—they say I will bear myself proudly, if I perceive the love come from her: they say too that she will rather die than give any sign of affection... I did never think to marry. I must not seem proud. Happy are they that hear their detractions, and can put them to mending... They say the lady is fair—'tis a truth, I can bear them witness: and virtuous—'tis so, I cannot reprove it: and wise, but for loving me—by my troth, it is no addition to her wit, nor no great argument of her folly, for I will be horribly in love with her. I may

LÉONATO

Voulez-vous que nous rentrions, monseigneur ? Le dîner est prêt.

CLAUDIO

S'il n'est pas fou d'elle après cela, je ne me fierai plus à rien.

(DON PÉDRO

Il faut tendre le même filet pour Béatrice, et c'est à votre fille et à ses suivantes de s'en charger. Le divertissant, ce sera quand chacun d'eux croira que l'autre l'aime d'une folle passion, alors qu'il n'en sera rien. C'est cette scène-là que je veux voir : elle sera toute en pantomime. Envoyons Béatrice l'appeler pour dîner.

Ils partent ; Bénédict sort de sa cachette.

BÉNÉDICT

Cela ne peut être une mystification ; le ton de la conversation était grave. C'est par Héro qu'ils ont appris la vérité. Ils ont l'air de plaindre la dame... Il semble que sa passion soit extrême... Elle m'aime ! eh bien, il faut qu'elle soit payée de retour... Je sais maintenant comment ils me jugent : ils disent que je vais faire le dédaigneux si je m'aperçois que l'amour vient d'elle ; ils disent encore qu'elle mourra plutôt que de me donner le moindre signe d'affection... Jamais je n'avais pensé à me marier. Il ne faut pas que je passe pour hautain. Heureux ceux qui entendent énumérer leurs fautes et peuvent ainsi s'en corriger... Ils disent que la dame est belle... c'est la vérité, je puis confirmer leur témoignage ; et vertueuse... elle l'est, je ne saurais le contester ; et sensée, n'était son amour pour moi... sur ma foi, ce n'est pas de sa part signe d'un grand bon sens, mais ce n'est pas non plus preuve de folie, car je vais être horriblement amoureux d'elle. Je risque de

chance have some odd quirks and remnants of wit broken on me, because I have railed so long against marriage: but doth not the appetite alter? a man loves the meat in his youth that he cannot endure in his age... Shall quips and sentences and these paper bullets of the brain awe a man from the career of his humour? No—the world must be peopled... When I said I would die a bachelor, I did not think I should live till I were married.

Beatrice approaches.

Here comes Beatrice... By this day, she's a fair lady. I do spy some marks of love in her.

BEATRICE

Against my will I am sent to bid you come in to dinner.

BENEDICK

Fair Beatrice, I thank you for your pains.

BEATRICE

I took no more pains for those thanks than you take pains to thank me. If it had been painful, I would not have come.

BENEDICK

You take pleasure then in the message.

BEATRICE

Yea, just so much as you may take upon a knife's point, and choke a daw withal... You have no stomach, signior—fare you well.

[*she goes.*

me faire lancer à la tête quelques quolibets de brocante et plaisanteries attardées pour avoir si longtemps déblatéré contre le mariage. Mais est-ce que les goûts ne changent pas ? Un homme aime dans sa jeunesse tel plat qu'il ne peut souffrir sur ses vieux jours. Faut-il que la peur des sarcasmes, des dictons et autres boulettes de papier issues du cerveau, détourne un homme de la voie qui sied à sa nature ? Non, nous devons peupler le monde. Quand je disais vouloir mourir célibataire, c'est que je ne croyais pas vivre jusqu'au jour de mon mariage...

Entre Béatrice.

Ah, voici Béatrice ! Par le jour qui m'éclaire, elle est belle. Oui, je discerne en elle quelques signes d'amour.

BÉATRICE

Contre mon gré, on m'envoie vous prier de venir dîner.

BÉNÉDICT

Belle Béatrice, je vous remercie de vos peines.

BÉATRICE

Celle qui me vaut ce remerciement n'est pas plus grande que celle que vous prenez pour me remercier. Si cela m'avait été pénible, je ne serais pas venue.

BÉNÉDICT

C'est dire que vous prenez plaisir à porter ce message.

BÉATRICE

Oui, juste autant qu'on en peut prendre à la pointe d'un couteau : de quoi étouffer une buse. Quel petit appétit que le vôtre, signor ! Adieu.

Elle sort.

150   MUCH ADO ABOUT NOTHING

BENEDICK

Ha! 'Against my will I am sent to bid you come in to dinner': there's a double meaning in that... 'I took no more pains for those thanks than you took pains to thank me'—that's as much as to say, Any pains that I take for you is as easy as thanks... If I do not take pity of her, I am a villain. If I do not love her, I am a Jew. I will go get her picture.

[he departs in haste.
A day passes.

BÉNÉDICT

Ah... « Contre mon gré, on m'envoie vous prier de venir dîner. » Il y a là un double sens... « La peine qui me vaut ce remerciement n'est pas plus grande que celle que vous prenez pour me remercier. » Cela revient à dire : « Toute peine que je prends pour vous m'est aussi légère que celle de dire merci... » Si je n'ai pas pitié d'elle, je suis un misérable. Si je ne l'aime pas, je suis un Juif. Je cours me procurer son portrait.

Il sort vivement.

ACTE III

[III, I.]

The orchard.

HERO, MARGARET, *and* URSULA *enter the alley of fruit-trees.*

HERO

Good Margaret, run thee to the parlour,
There shalt thou find my cousin Beatrice
Proposing with the prince and Claudio.
Whisper her ear, and tell her   I and Ursley
Walk in the orchard, and our whole discourse
Is all of her.   Say that thou overheard'st us,
And bid her steal into the pleachéd bower,
Where honeysuckles, ripened by the sun,
Forbid the sun to enter... like favourites,
10 Made proud by princes, that advance their pride
Against that power that bred it.   There will she hide
[her,
To listen our propose.   This is thy office—
Bear thee well in it and leave us alone.

MARGARET

I'll make her come, I warrant you, presently.
[she leaves them.

SCÈNE PREMIÈRE

Le verger.

Entrent HÉRO, MARGUERITE *et* URSULE.

HÉRO

Cours vite au salon, bonne Marguerite, tu vas y trouver ma cousine Béatrice, devisant avec le Prince et Claudio. Chuchote-lui à l'oreille que je me promène dans le verger avec Ursule, et que tous nos propos sont pleins d'elle. Dis-lui que tu as surpris notre conversation et conseille-lui de se glisser sous les rameaux touffus de la tonnelle, dont les chèvrefeuilles mûris par le soleil, à ce même soleil interdisent l'entrée, semblables à ces favoris comblés d'honneurs par un prince et qui retournent leur orgueil contre celui qui l'engendra en eux. Qu'elle se cache là pour entendre notre entretien. Telle est ta mission : sache t'en acquitter et laisse-nous seules.

MARGUERITE

Je la ferai venir sur-le-champ, je vous le garantis.

Elle sort.

HERO

Now, Ursula, when Beatrice doth come,
As we do trace this alley up and down,
Our talk must only be of Benedick.
When I do name him, let it be thy part
To praise him more than ever man did merit.
My talk to thee must be how Benedick
Is sick in love with Beatrice: of this matter
Is little Cupid's crafty arrow made,
That only wounds by hearsay....

Beatrice approaches, and stealing behind the walls of the alley, enters the arbour.

Now begin,
For looks where Beatrice like a lapwing runs
Close by the ground, to hear our conference.

URSULA

The pleasant'st angling is to see the fish
Cut with her golden oars the silver stream,
And greedily devour the treacherous bait:
So angle we for Beatrice, who even now
Is couched in the woodbine coverture.
Fear you not my part of the dialogue.

HERO

Then go we near her, that her ear lose nothing
Of the false sweet bait that we lay for it....

[*they draw nigh the arbour.*

No, truly, Ursula, she is too disdainful—
I know her spirits are as coy and wild
As haggards of the rock.

URSULA

But are you sure
That Benedick loves Beatrice so entirely?

HÉRO

Et maintenant, Ursule, quand viendra Béatrice, il faut, tout en parcourant de long en large cette allée, que nous ne parlions que du seul Bénédict. Quand je le nommerai, ton rôle sera de faire de lui plus de louanges que jamais homme n'en mérita. Moi, je t'apprendrai que Bénédict se meurt d'amour pour Béatrice : car c'est de ce bois-là que le petit Cupidon fait sa flèche adroite qui blesse seulement par ouï-dire...

Béatrice approche et se glisse dans le bosquet.

Allons, commence, car voici Béatrice qui accourt, rasant le sol comme un vanneau, pour entendre ce que nous disons.

URSULE

La plus plaisante pêche est celle où l'on voit le poisson fendre de ses rames d'or l'onde argentée, et happer goulûment le perfide appât. Ainsi jetons-nous la ligne pour attraper Béatrice qui déjà se blottit sous le rideau de chèvrefeuille. Ne craignez rien, j'ai compris mon rôle dans le dialogue.

HÉRO

Approchons-nous donc, afin que du doux appât trompeur que nous lui tendons, rien n'échappe à son oreille... Non, Ursule, vraiment, elle est trop dédaigneuse. Je le sais, son humeur est aussi farouche, aussi indomptable que celle du faucon de roche.

URSULE

Mais êtes-vous bien sûre que Bénédict aime Béatrice si dévotement ?

HERO

So says the prince, and my new-trothéd lord.

URSULA

And did they bid you tell her of it, madam?

HERO

40 They did entreat me to acquaint her of it.
But I persuaded them, if they loved Benedick,
To wish him wrestle with affection,
And never to let Beatrice know of it.

URSULA

Why did you so? Doth not the gentleman
† Deserve at full as fortunate a bed
As ever Beatrice shall couch upon?

HERO

O god of love! I know he doth deserve
As much as may be yielded to a man:
But nature never framed a woman's heart
50 Of prouder stuff than that of Beatrice:
Disdain and scorn ride sparkling in her eyes,
Misprizing what they look on, and her wit
Values itself so highly, that to her
All matter else seems weak: she cannot love,
Nor take no shape nor project of affection,
She is so self-endeared.

URSULA

Sure, I think so.
And therefore certainly it were not good
She knew his love, lest she'll make sport at it.

HÉRO

C'est ce que dit le prince, et aussi le seigneur à qui je viens de me fiancer.

URSULE

Et vous ont-ils priée de l'en instruire, madame?

HÉRO

Ils m'en ont priée, en effet, mais je les ai persuadés, s'ils aimaient Bénédict, de l'engager à lutter contre sa passion sans jamais la révéler à Béatrice.

URSULE

Pourquoi avez-vous fait cela? Ce gentilhomme ne mérite-t-il pas pleinement ce lit privilégié qu'est la couche de Béatrice?

HÉRO

O dieu d'amour! Je sais qu'il mérite tout ce qui peut être accordé à un homme. Mais jamais la nature ne façonna cœur de femme d'une substance plus fière que n'est le cœur de Béatrice : le dédain railleur étincelle en ses yeux qui font fi de tout ce qu'ils voient, et son intelligence s'estime à si haut prix que tout le reste lui semble chétif; elle ne saurait aimer, ni même accueillir aucun semblant, aucune idée d'affection, tant elle est éprise d'elle-même.

URSULE

C'est vrai, je le pense aussi. Il vaut donc sûrement mieux qu'elle ignore l'amour de Bénédict : elle le tournerait en dérision.

HERO

Why, you speak truth. I never yet saw man,
How wise, how noble, young, how rarely featured,
But she would spell him backward: if fair-faced,
She would swear the gentleman should be her sister;
If black, why nature, drawing of an antic,
Made a foul blot: if tall, a lance ill-headed;
If low, an agate very vilely cut:
If speaking, why a vane blown with all winds;
If silent, why a block movéd with none...
So turns she every man the wrong side out,
And never gives to truth and virtue that
Which simpleness and merit purchaseth.

URSULA

Sure, sure, such carping is not commendable.

HERO

No, nor to be so odd and from all fashions,
As Beatrice is, cannot be commendable.
But who dare tell her so? If I should speak,
She would mock me into air—O, she would laugh me
Out of myself, press me to death with wit.
Therefore let Benedick, like covered fire,
Consume away in sighs, waste inwardly:
It were a better death than die with mocks,
Which is as bad as die with tickling.

URSULA

Yet tell her of it, hear what she will say.

HERO

No, rather I will go to Benedick,
And counsel him to fight against his passion.

HÉRO

Ah, tu dis vrai. Je n'ai jamais vu d'homme, si sage, si noble, si jeune, si remarquablement beau fût-il, qu'elle ne le récitât à rebours[33]. A-t-il le teint clair ? Elle jure que le gentilhomme devrait être sa sœur ; brun ? oh, la nature, voulant dessiner un bouffon, a fait une grosse tache noire ; est-il grand ? C'est une lance mal faite du bout ; est-il petit ? C'est une agate gauchement taillée. S'il parle ? mais cette girouette tourne à tous les vents ! S'il se tait ? c'est une souche que n'émeut pas la bise... C'est ainsi qu'elle retourne chacun à l'envers, sans jamais accorder à la vertu et à la loyauté ce qui revient à la simplicité et au mérite.

URSULE

Vraiment, vraiment, cette manie de dénigrer n'est pas louable.

HÉRO

Non, et ce n'est pas louable non plus de se singulariser toujours et de manquer de courtoisie, comme fait Béatrice. Mais qui oserait le lui dire ? Si je lui en parlais, oh ! elle me pulvériserait de ses sarcasmes, elle me ferait perdre le sens par ses traits d'esprit, elle m'étoufferait sous ses railleries. Donc, que Bénédict, comme un feu sous la cendre, se consume en soupirs, s'épuise du dedans ; mieux vaut mourir ainsi qu'être tué par le persiflage, chose aussi cruelle que de mourir de chatouillement.

URSULE

Avertissez-la quand même et sachons quelle est sa réponse.

HÉRO

Non, j'irai plutôt trouver Bénédict pour lui conseiller de lutter contre sa passion. Et, ma foi, j'inventerai

And, truly, I'll devise some honest slanders
To stain my cousin with. One doth not know,
How much an ill word may empoison liking.

URSULA

O, do not do your cousin such a wrong.
She cannot be so much without true judgement—
Having so swift and excellent a wit,
As she is prized to have—as to refuse
So rare a gentleman as Signior Benedick.

HERO

He is the only man of Italy,
Always excepted my dear Claudio.

URSULA

I pray you be not angry with me, madam,
Speaking my fancy: Signior Benedick,
For shape, for bearing, argument, and valour,
Goes foremost in report through Italy.

HERO

Indeed, he hath an excellent good name.

URSULA

His excellence did earn it, are he had it...
When are you married, madam?

HERO

Why, every day to-morrow! Come, go in.
I'll show thee some attires, and have thy counsel
Which is the best to furnish me to-morrow.

quelques honnêtes calomnies pour en noircir ma cousine. Qui sait combien un mot perfide peut empoisonner un cœur épris.

URSULE

Oh, ne faites pas un pareil tort à votre cousine ! Elle ne peut manquer à ce point de jugement — ayant au dire de tous une intelligence si vive et si excellente — que de refuser un gentilhomme aussi incomparable que le signor Bénédict.

HÉRO

Il n'a pas son égal dans toute l'Italie — hormis, bien entendu, mon cher Claudio.

URSULE

Je vous en prie, ne vous fâchez pas, madame, si je vous dis mon sentiment : pour la tournure, l'allure, le raisonnement et l'audace, l'Italie tout entière le place au premier rang.

HÉRO

Il est vrai qu'il jouit d'un renom excellent...

URSULE

Que son excellence lui assura avant qu'il l'eût acquis... Quand serez-vous mariée, madame ?

HÉRO

Mais tous les jours à partir de demain ! Viens, rentrons ; je veux te montrer quelques parures et te demander conseil sur celle qu'il me siéra le mieux de revêtir demain.

URSULA

She's limed I warrant you—we have caught her,
[madam.

HERO

If it prove so, then loving goes by haps,
Some Cupid kills with arrows, some with traps.

[*they go.*
Beatrice comes from the arbour.

BEATRICE

What fire is in mine ears? Can this be true?
  Stand I condemned for pride and scorn so much?
Contempt, farewell! and maiden pride, adieu!
  No glory lives behind the back of such...
And, Benedick, love on, I will requite thee,
  Taming my wild heart to thy loving hand:
If thou dost love, my kindness shall incite thee
  To bind our loves up in a holy band:
For others say thou dost deserve, and I
Believe it better than reportingly.

[*she goes.*

[III, 2.]

The parlour in Leonato's house.

DON PEDRO, CLAUDIO, BENEDICK (*very spruce*), *and* LEONATO.

DON PEDRO

I do but stay till your marriage be consummate, and then go I toward Arragon.

URSULE

Elle est engluée, je vous en réponds ; nous la tenons, madame.

HÉRO

S'il en est ainsi, c'est que l'amour est affaire de hasard. Cupidon tue les uns avec des flèches et prend les autres au piège.

Elles sortent.
Béatrice sort de sa cachette.

BÉATRICE

Quel feu brûle dans mes oreilles ! Est-il possible que ce soit vrai ? Suis-je vraiment convaincue de tant d'orgueil et de morgue ? Adieu, dédain ! Fierté de vierge, adieu ! Derrière votre dos, pour vous point de gloire... O, Bénédict, continue d'aimer et je te payerai de retour, apprivoisant mon cœur farouche à ta main aimante ; si tu aimes vraiment, ma tendresse t'incitera à unir nos amours par un lien sacré, car on assure que tu le mérites et j'ai, pour le croire, mieux que des on-dit.

Elle sort.

SCÈNE II

Une salle dans le palais de Léonato.

DON PÉDRO, CLAUDIO, BÉNÉDICT (*très élégant*) et LÉONATO.

DON PÉDRO

Je resterai seulement jusqu'à ce que votre mariage soit consommé, puis je repars pour l'Aragon.

CLAUDIO

I'll bring you thither, my lord, if you'll vouchsafe me.

DON PEDRO

Nay, that would be as great a soil in the new gloss of your marriage, as to show a child his new coat and forbid him to wear it. I will only be bold with Benedick for his company—for, from the crown of his head to the sole of his foot, he is all mirth. He hath twice or thrice cut Cupid's bowstring, and the little hangman dare not shoot at him. He hath a heart as sound as a bell, and his tongue is the clapper—for what his heart thinks his tongue speaks.

BENEDICK

Gallants, I am not as I have been.

LEONATO

So say I. Methinks you are sadder.

CLAUDIO

I hope he be in love.

DON PEDRO

Hang him, truant! there's no true drop of blood in him to be truly touched with love. If he be sad, he wants money.

BENEDICK

I have the toothache.

CLAUDIO

Je vous y accompagnerai, monseigneur, si vous m'y autorisez.

DON PÉDRO

Non certes, ce serait ternir l'éclat tout neuf de votre mariage : autant montrer à un enfant sa veste neuve et lui interdire de la porter. J'oserai seulement solliciter la compagnie de Bénédict, car, du sommet de la tête à la plante des pieds, il n'est qu'allégresse. A deux ou trois reprises il a coupé à Cupidon la corde de son arc et ce petit bourreau n'ose plus lui tirer dessus. Il vous a le cœur aussi franc qu'une cloche d'airain dont le battant serait sa langue... car ce que pense son cœur, sa langue le dit.

BÉNÉDICT

Ah, mes vaillants, je ne suis plus ce que j'ai été !

LÉONATO

C'est mon avis. Je vous trouve assombri.

CLAUDIO

J'espère qu'il est amoureux.

DON PÉDRO

Lui ! Du diable si le truand possède en ses veines une goutte de vrai sang qui puisse s'émouvoir d'un véritable amour. S'il est triste, c'est qu'il est à court d'argent.

BÉNÉDICT

J'ai mal à une dent.

DON PEDRO

Draw it.

BENEDICK

Hang it!

CLAUDIO

You must hang it first, and draw it afterwards.

DON PEDRO

What! sigh for the toothache?

LEONATO

Where is but a humour or a worm?

BENEDICK

Well, every one can master a grief but he that has it.

CLAUDIO

Yet say I, he is in love.

DON PEDRO

There is no appearance of fancy in him, unless it be a fancy that he hath to strange disguises—as, to be a Dutchman to-day, a Frenchman to-morrow, or in the shape of two countries at once, as a German from the waist downward, all slops, and a Spaniard from the hip upward, no doublet... Unless he have a fancy to this foolery, as it appears he hath, he is no fool for fancy, as you would have it appear he his.

DON PÉDRO

Tire-la!

BÉNÉDICT

Pends-la!

CLAUDIO

Pends-la d'abord, tu la tireras ensuite[34] à quatre chevaux.

DON PÉDRO

Quoi! soupirer pour un mal de dents?

LÉONATO

Qui n'est qu'un peu d'humeur ou un ver?

BÉNÉDICT

Oui, oui, tout le monde peut vaincre la douleur, hormis celui qui souffre.

CLAUDIO

Je m'obstine à croire qu'il est amoureux.

DON PÉDRO

Il n'y a pas en lui apparence de passion, si ce n'est la passion des déguisements étranges : aujourd'hui en Hollandais, demain en Français, à moins qu'il n'arbore le costume de deux pays à la fois, Allemand de la taille aux pieds par les chausses bouffantes et Espagnol de la hanche jusqu'en haut, sans pourpoint... A part la passion qu'il a, semble-t-il, pour ces niaiseries, il n'est pas assez niais pour avoir une passion, comme vous voudriez qu'il apparût.

CLAUDIO

If he be not in love with some woman, there is no believing old signs. A' brushes his hat a mornings—what should that bode?

DON PEDRO

Hath any man seen him at the barber's?

CLAUDIO

No, but the barber's man hath been seen with him, and the old ornament of his cheek hath already stuffed tennisballs.

LEONATO

Indeed, he looks younger than he did, by the loss of a beard.

DON PEDRO

Nay, a' rubs himself with civet—can you smell him out by that?

CLAUDIO

That's as much as to say the sweet youth's in love.

DON PEDRO

The greatest note of it is his melancholy.

CLAUDIO

And when was he wont to wash his face?

CLAUDIO

S'il n'est pas amoureux de quelque femme, plus moyen de croire aux vieux symptômes. Il brosse son chapeau tous les matins : qu'augurer de cela ?

DON PÉDRO

L'a-t-on vu se rendre chez le barbier ?

CLAUDIO

Non, mais l'on a vu le garçon du barbier se rendre chez lui, et déjà l'ancienne parure de ses joues sert à rembourrer des balles de paume.

LÉONATO

C'est vrai qu'il a l'air plus jeune depuis qu'il a perdu sa barbe.

DON PÉDRO

Mieux : il se frotte avec de la civette : flairez-vous ce qu'il y a là-dessous ?

CLAUDIO

Cela revient à dire que l'odorant jeune homme est amoureux.

DON PÉDRO

La meilleure preuve en est sa mélancolie.

CLAUDIO

Et depuis quand a-t-il pris l'habitude de se parfumer le visage ?

DON PEDRO

50 Yea, or to paint himself? for the which, I hear what they say of him.

CLAUDIO

Nay, but his jesting spirit, which is † newcrept into a lutestring and now governed by stops.

DON PEDRO

Indeed, that tells a heavy tale for him... conclude, conclude, he is in love.

CLAUDIO

Nay, but I know who loves him.

DON PEDRO

That would I know too. I warrant, one that knows him not.

CLAUDIO

Yes, and his ill conditions—and in despite of all, 60 dies for him.

DON PEDRO

She shall be buried with her face upwards.

BENEDICK

Yet is this no charm for the toothache. Old signior, walk aside with me. I have studied eight or nine wise words to speak to you, which these hobby-horses must not hear.

[Benedick and Leonato go out.

DON PÉDRO

Oui et de le peindre ? c'est ce que j'ai entendu dire de lui.

CLAUDIO

Bien plus, son esprit railleur s'est glissé dans la corde d'un luth et obéit maintenant aux touches...

DON PÉDRO

En vérité, cela en dit long sur son compte... Conclusion, conclusion : il est amoureux.

CLAUDIO

Mieux encore, je sais de qui il est aimé.

DON PÉDRO

Je voudrais bien le savoir aussi : sans doute, d'une femme qui ne le connaît pas.

CLAUDIO

Si fait... lui et tous ses défauts, et malgré tout, elle se meurt pour lui.

DON PÉDRO

Qu'il l'étende donc en terre la face tournée vers le ciel !

BÉNÉDICT

Rien de tout cela n'est un charme contre le mal de dents. Vénérable signor, écartons-nous. J'ai médité pour vous les dire huit ou neuf paroles de sagesse qui ne sont pas destinées aux oreilles de ces bouffons.

Sortent Bénédict et Léonato.

DON PEDRO

For my life, to break with him about Beatrice.

CLAUDIO

'Tis even so. Hero and Margaret have by this played their parts with Beatrice, and then the two bears will not bite one another when they meet.

Don John enters.

DON JOHN

70 My lord and brother, God save you.

DON PEDRO

Good-den, brother.

DON JOHN

If your leisure served, I would speak with you.

DON PEDRO

In private?

DON JOHN

If it please you—yet Count Claudio may hear, for what I would speak of concerns him.

† CLAUDIO

What's the matter?

DON JOHN

Means your lordship to be married to-morrow?

DON PÉDRO

Sur ma vie ! Il va s'ouvrir à lui au sujet de Béatrice.

CLAUDIO

C'est sûr. A cette heure, Héro et Marguerite ont joué leurs rôles auprès de Béatrice : les deux ours se rencontreront désormais sans se mordre.

Entre Don Juan.

DON JUAN

Monseigneur mon frère, Dieu vous garde.

DON PÉDRO

Bonsoir, mon frère.

DON JUAN

Si vous en avez le loisir, j'aimerais vous parler.

DON PÉDRO

En particulier ?

DON JUAN

Comme vous le désirez... Cependant le comte Claudio peut entendre ce que j'ai à dire, car cela le concerne.

CLAUDIO

De quoi s'agit-il ?

DON JUAN

Avez-vous, seigneur, l'intention de vous marier demain ?

DON PEDRO

You know he does.

DON JOHN

I know not that, when he knows what I know.

CLAUDIO

If there be any impediment, I pray you discover it.

DON JOHN

You may think I love you not—let that appear hereafter, and aim better at me by that I now will manifest. For my brother, I think he holds you well, and in dearness of heart hath holp to effect your ensuing marriage : surely, suit ill spent, and labour ill bestowed.

DON PEDRO

Why, what's the matter?

DON JOHN

I came hither to tell you, and circumstances shortened—for she has been too long a talking of—the lady is disloyal.

CLAUDIO

Who, Hero?

DON JOHN

Even she—Leonato's Hero, your Hero, every man's Hero.

DON PÉDRO

Vous savez bien que oui.

DON JUAN

Je ne sais ce qu'il en sera lorsqu'il saura ce que je sais.

CLAUDIO

S'il y a quelque empêchement, découvrez-le, je vous en prie.

DON JUAN

Vous croirez peut-être que je ne vous aime pas : cela apparaîtra plus tard, et vous me jugerez mieux après ce que je vais vous dire. Quant à mon frère, je crois qu'il fait grand cas de vous et que c'est par amitié pour vous qu'il a aidé à votre mariage : démarche mal venue, à coup sûr, et labeur mal employé.

DON PÉDRO

Quoi ? Qu'y a-t-il donc ?

DON JUAN

Je suis venu ici pour vous le dire, et, sans entrer dans les détails — car il y a trop longtemps qu'elle fait parler d'elle — la dame est déloyale.

CLAUDIO

Qui ? Héro ?

DON JUAN

Elle-même. La Héro de Léonato, votre Héro, la Héro de tout un chacun.

CLAUDIO

Disloyal?

DON JOHN

The word is too good to paint out her wickedness. I could say she were worse. Think you of a worse title, and I will fit her to it... Wonder not till further warrant : go but with me to-night, you shall see her chamber-window entered, even the night before her wedding-day. If you love her then, to-morrow wed her... but it would better fit your honour to change your mind.

CLAUDIO

May this be so?

DON PEDRO

I will not think it.

DON JOHN

If you dare not trust that you see, confess not that you know: if you will follow me, I will show you enough, and when you have seen more and heard more, proceed accordingly.

CLAUDIO

If I see any thing to-night why I should not marry her to-morrow, in the congregation, where I should wed, there will I shame her.

DON PEDRO

And as I wooed for thee to obtain her, I will join with thee to disgrace her.

CLAUDIO

Déloyale ?

DON JUAN

Le mot est trop innocent pour peindre sa perversité. Je pourrais en employer un pire. Songez à un terme plus dégradant et je vous montrerai qu'il s'applique à elle... Attendez pour vous indigner d'avoir des preuves : venez avec moi cette nuit, vous verrez qu'on escalade la fenêtre de sa chambre la veille même de ses noces. Si après cela vous l'aimez encore, épousez-la demain, mais il conviendrait mieux à votre honneur que vous changeassiez d'avis.

CLAUDIO

Se pourrait-il ?

DON PÉDRO

Je ne veux pas le croire.

DON JUAN

Si vous n'osez pas vous fier à vos yeux, faites comme si vous ne saviez rien ; si vous voulez bien me suivre, je vous en montrerai assez, et quand vous en aurez vu et entendu davantage, vous agirez en conséquence.

CLAUDIO

Si je vois cette nuit quoi que ce soit qui m'interdise de l'épouser demain, c'est à l'église où je devais l'épouser que devant tous je veux la couvrir de honte.

DON PÉDRO

Et de même que je me suis entremis pour que tu l'obtiennes, je me joindrai à toi pour la flétrir.

DON JOHN

I will disparage her no farther till you are my witnesses.
Bear it coldly but till midnight, and let the issue show itself.

DON PEDRO

O day untowardly turned!

CLAUDIO

O mischief strangely thwarting!

DON JOHN

O plague right well prevented!
So will you say, when you have seen the sequel.

[*they go.*

[III, 3.]

A street in Messina; on one side the door of Leonato's house, in the centre the porch of a church, having a bench within it: midnight; rain and wind

The Watch, armed with bills, stand a-row before the porch; Master Constable DOGBERRY, *bearing a lantern, and* VERGES, *the Headborough, survey them.*

DOGBERRY

Are you good men and true?

VERGES

Yea, or else it were pity but they should suffer salvation, body and soul.

DON JUAN

Je ne veux pas l'accuser davantage que vous ne soyez mes témoins. Gardez votre sang-froid jusqu'à minuit et que la vérité éclate d'elle-même.

DON PÉDRO

O jour qui s'achève en désastre !

CLAUDIO

O malheur étrangement cruel !

DON JUAN

O catastrophe heureusement évitée ! Voilà ce que vous direz quand vous aurez vu la suite.

SCÈNE III

Une rue à Messine, avec la maison de Léonato, et le porche d'une église.

Les hommes du guet armés de hallebardes sont alignés devant le porche. Le constable CORNOUILLE, *portant une lanterne, et* VERJUS, *le magistrat, les passent en revue.*

CORNOUILLE

Êtes-vous hommes de bien et d'honneur ?

VERJUS

Bien sûr, sans quoi ils risqueraient d'être sauvés corps et âme[35], ce qui serait grand dommage.

DOGBERRY

Nay, that were a punishment too good for them, if they should have any allegiance in them, being chosen for the prince's watch.

VERGES

Well, give them their charge, neighbour Dogberry.

DOGBERRY

First, who think you the most desertless man to be constable?

1 WATCHMAN

Hugh Oatcake, sir, or George Seacoal, for they can write and read.

DOGBERRY

Come hither, neighbour Seacoal... God hath blessed you with a good name: to be a well-favoured man is the dift of fortune, but to write and read comes by nature.

2 WATCHMAN

Both which, Master Constable,—

DOGBERRY

You have: I knew it would be your answer... Well, for your favour, sir, why give God thanks, and make no boast of it—and for your writing and reading, let that appear when there is no need of such vanity. You are thought here to be the most senseless and fit man for the constable of the watch: therefore bear you the lantern [*he gives it to*

CORNOUILLE

Même que ce serait un châtiment trop doux pour eux, s'ils ont vraiment quelque loyauté, ayant été choisis comme ils l'ont été pour composer le guet du prince.

VERJUS

Bon, donnez-leur les consignes, voisin Cornouille.

CORNOUILLE

D'abord, qui jugez-vous le plus inqualifié pour commander ?

PREMIER GARDE

Hughes Crêpavoine, monsieur, ou Georges Houilledemer [36], car ils savent lire et écrire.

CORNOUILLE

Approchez çà, voisin Houilledemer... Dieu vous a gratifié d'un beau nom : être joli garçon, c'est un don de la fortune, mais savoir lire et écrire, cela vient naturellement.

DEUXIÈME GARDE

Ces deux choses-là, Monsieur le constable...

CORNOUILLE

Vous les possédez. Je savais que vous répondriez cela... Eh bien, pour votre physique, monsieur, remerciez Dieu et n'en soyez pas fier ; et quant à savoir lire et écrire, faites valoir cela quand on n'aura pas besoin de ces fadaises. Vous passez ici pour l'homme le plus incapable et le mieux désigné pour être chevalier du guet. C'est donc vous qui porterez la lanterne *(il la lui*

him]... This is your charge—you shall comprehend all vagrom men, you are to bid any man stand, in the prince's name.

2 WATCHMAN

How if a' will not stand?

DOGBERRY

Why then take no note of him, but let him go, and presently call the rest of the watch together, and thank God you are rid of a knave.

VERGES

If he will not stand when he is bidden, he is none of the prince's subjects.

DOGBERRY

True, and they are to meddle with none but the prince's subjects... You shall also make no noise in the streets: for, for the watch to babble and to talk, is most tolerable and not to be endured.

2 WATCHMAN

We will rather sleep than talk—we know what belongs to a watch.

DOGBERRY

Why, you speak like an ancient and most quiet watchman, for I cannot see how sleeping should offend: only have a care that your bills be not stolen... Well, you are to call at all the ale-houses, and bid those that are drunk get them to bed.

2 WATCHMAN

How if they will not?

donne)... Voici la consigne : vous compréhendrez les vagabonds, et vous enjoindrez à tout un chacun de faire halte, au nom du prince.

DEUXIÈME GARDE

Et s'il veut pas faire halte ?

CORNOUILLE

En ce cas, faites comme si vous ne l'aviez pas vu : qu'il passe son chemin ; alors, vous rassemblez les gens du guet et vous remerciez Dieu d'être débarrassé d'un vaurien.

VERJUS

S'il refuse de faire halte quand on le lui ordonne, ce n'est pas un sujet du prince.

CORNOUILLE

C'est vrai, et ils n'ont à s'occuper que des sujets du prince. Vous ne devez pas non plus faire de bruit dans les rues, car rien n'est plus tolérable et moins supportable qu'un guet qui jase et qui babille.

UN DES HOMMES

On dormira plus souvent que d'babiller. On connaît les devoirs du guet.

CORNOUILLE

Tu parles là en vétéran du guet et en garde paisible, car je ne vois pas quel mal il y aurait à dormir. Faites attention seulement qu'on ne vous vole pas vos hallebardes. Ah, vous devrez aussi passer dans toutes les tavernes et intimer aux gens ivres d'aller se coucher.

DEUXIÈME GARDE

Et s'ils veulent pas ?

DOGBERRY

Why then, let them alone till they are sober. If they make you not then the better answer, you may say they are not the men you took them for.

2 WATCHMAN

Well, sir.

DOGBERRY

If you meet a thief, you may suspect him, by virtue of your office, to be no true man: and, for such kind of men, the less you meddle or make with them, why the more is for your honesty.

2 WATCHMAN

If we know him to be a thief, shall we not lay hands on him?

DOGBERRY

Truly by your office you may, but I think they that touch pitch will be defiled: the most peaceable way for you, if you do take a thief, is to let him show himself what he is, and steal out of your company.

VERGES

You have been always called a merciful man, partner.

DOGBERRY

Truly, I would not hang a dog by my will, much more a man who hath any honesty in him.

CORNOUILLE

Alors, laissez-les en paix jusqu'à ce qu'ils soient dégrisés. A ce moment-là, s'ils ne vous font pas meilleure réponse, vous pourrez leur dire qu'ils ne sont pas les hommes que vous auriez cru.

DEUXIÈME GARDE

Bien, monsieur.

CORNOUILLE

Si vous rencontrez un voleur, vous avez le droit, en vertu de vos fonctions, de le soupçonner d'être malhonnête ; et quant aux gens de cette espèce, moins vous aurez à faire et à voir avec eux, plus votre honnêteté y gagnera.

DEUXIÈME GARDE

Si nous savons que c'est un voleur, faut-il pas lui mettre la main au collet ?

CORNOUILLE

Eh oui, bien sûr, de par vos fonctions vous en avez le droit, mais quiconque manie de la poix, m'est avis qu'il se salira ; le parti le plus pacifique, si vous prenez un voleur, c'est de le laisser se trahir lui-même et prendre son vol.

VERJUS

On a toujours dit que vous étiez un homme clément, collègue.

CORNOUILLE

De vrai, je ne voudrais pas pendre un chien de mon plein gré, à plus forte raison un homme qui aurait en lui de l'honnêteté.

VERGES

If you hear a child cry in the night, you must call to the nurse and bid her still it.

2 WATCHMAN

How if the nurse be asleep and will not hear us?

DOGBERRY

Why then, depart in peace, and let the child wake her with crying—for the ewe that will not hear her lamb when it baes, will never answer a calf when he bleats.

VERGES

70 'Tis very true.

DOGBERRY

This is the end of the charge... You, constable, are to present the prince's own person—if you meet the prince in the night, you may stay him.

VERGES

Nay, by'r lady, that I think a' cannot.

DOGBERRY

Five shillings to one on't with any man that knows the statutes, he may stay him—marry, not without the prince be willing, for indeed the watch ought to offend no man, and it is an offence to stay a man against his will.

VERGES

80 By'r lady, I think it be so.

VERJUS

Si vous entendez un enfant qui pleure la nuit, vous devez appeler la nourrice pour qu'elle le calme.

DEUXIÈME GARDE

Et si la nourrice dort et ne veut pas entendre ?

CORNOUILLE

Alors, partez en paix, et que l'enfant l'éveille à force de pleurer, car la brebis qui n'entend pas son agneau quand il bêle ne répondra jamais aux meuglements d'un veau.

VERJUS

Comme c'est vrai !

CORNOUILLE

Voici le reste de vos consignes : vous, le constable, vous représentez la personne même du prince. Si vous rencontrez le prince dans la nuit, vous avez le droit de l'arrêter.

VERJUS

Ça non, par Notre-Dame, je ne crois pas qu'il en ait le droit.

CORNOUILLE

Cinq shillings contre un, par-devant tout homme qui connaît les estatuts, qu'il en a le droit... parbleu, pas sans le consentement du prince, car bien sûr le guet ne doit offenser personne, et c'est une offense que d'arrêter un homme sans son consentement.

VERJUS

Par Notre-Dame, je crois que tu es dans le vrai.

DOGBERRY

Ha, ah, ha! Well, masters, good night. An there be any matter of weight chances, call up me. Keep your fellow's counsels and your own, and good night. Come, neighbour.

[*they walk away.*

2 WATCHMAN

Well, masters, we hear our charge. Let us go sit here upon the church-bench till two, and then all to bed.

[*they all enter the porch and prepare to sleep.*

DOGBERRY [*turns*].

One word more, honest neighbours. I pray you, watch about Signior Leonato's door, for the wedding being there to-morrow, there is a great coil to-night. Adieu, be vigitant, I beseech you.

[*Dogberry and Verges go.
The door of Leonato's house opens and Borachio staggers forth, followed after a short space by Conrade.*

BORACHIO [*stops*].

What, Conrade!

(2 WATCHMAN

Peace, stir not.

BORACHIO

Conrade, I say!

CONRADE

Here, man, I am at the elbow.

CORNOUILLE

Ha, ha, ha, allons, mes amis, bonne nuit. Et s'il se produisait une affaire d'importance, appelez-moi. Que chacun garde les secrets de ses camarades et les siens. Bonsoir. Venez, voisin.

Cornouille et Verjus s'éloignent.

UN DES HOMMES

Eh bien, compères, nous avons entendu notre consigne. Allons nous asseoir sous le porche de l'église jusqu'à deux heures, et puis tout le monde au lit.

CORNOUILLE

Un mot encore, honnêtes voisins. Je vous prie de surveiller la porte du Signor Léonato. La noce étant pour demain, il y a tout un va-et-vient ce soir. Adieu, soyez vigilants, je vous en prie.

Sortent Cornouille et Verjus.
La porte de Léonato s'ouvre et Borachio entre en scène, titubant, suivi quelques minutes après par Conrad.

BORACHIO

Ohé, Conrad !

(UN HOMME DU GUET

Silence, ne bougeons pas.

BORACHIO

Conrad ! Eh bien, réponds.

CONRAD

Je suis là, je te coudoie.

192   MUCH ADO ABOUT NOTHING

BORACHIO

Mass, and my elbow itchef—I thought there would a scab follow.

CONRADE

I will owe thee an answer for that, and now forward with thy tale.

BORACHIO

Stand thee close then under this pent-house, for it drizzles rain, and I will, like a true drunkard, utter all to thee.

[*they stand beneath the eaves of the porch.*

(2 WATCHMAN

Some treason, masters—yet stand close.

BORACHIO

Therefore know, I have earned of Don John a thousand ducats.

CONRADE

Is it possible that any villainy should be so dear?

FORACHIO

Thou shouldst rather ask if it were possible any villainy should be so rich, for when rich villains have need of poor ones, poor ones may make what price they will.

CONRADE

I wonder at it.

BORACHIO

Par la messe! C'est donc ça que le coude me démangeait. Je pensais bien que la gale n'était pas loin.

CONRAD

Bon, j'saurai que j'te dois une réponse. Et maintenant, ton histoire.

BORACHIO

Allons nous mettre à l'abri sous cet auvent, car il tombe du crachin et je veux tout te raconter en franc ivrogne.

(DEUXIÈME GARDE

Quelque trahison, les amis, restons cois.

BORACHIO

Sache donc que je viens de gagner mille ducats au service de don Juan.

CONRAD

Est-il possible qu'une canaillerie coûte tant d'argent?

BORACHIO

Demande-toi plutôt s'il est possible qu'une canaillerie rapporte tant d'argent, car lorsque les canailles riches ont besoin des canailles pauvres, les canailles pauvres peuvent faire leur prix.

CONRAD

Cela me surprend.

194   MUCH ADO ABOUT NOTHING

BORACHIO

That shows thou art unconfirmed. Thou knowest that the fashion of a doublet, or a hat, or a cloak, is nothing to a man.

CONRADE

Yes, it is apparel.

BORACHIO

I mean the fashion.

CONRADE

Yes, the fashion is the fashion.

BORACHIO

Tush, I may as well say the fool's the fool. But seest thou not what a deformed thief this fashion is?

(2 WATCHMAN

120   I know that Deformed, a' has been a vile thief this seven year, a' goes up and down like a gentleman: I remember his name.

BORACHIO

Didst thou not hear somebody?

CONRADE

No, 'twas the vane on the house.

BORACHIO

Seest thou not, I say, what a deformed thief this fashion is? how giddily a' turns about all the hotbloods

BORACHIO

Ce qui montre à quel point tu es naïf. Tu sais que la façon d'un pourpoint, d'un chapeau ou d'un manteau n'a rien à voir avec un homme ?

CONRAD

Sans doute, ce n'est que vêture.

BORACHIO

Je parle de leur façon, de la mode.

CONRAD

Oui, la mode est la mode.

BORACHIO

Peuh ! Autant dire qu'un sot est un sot. Mais ne vois-tu pas quelle détrousseuse de formes est cette mode ?

(DEUXIÈME GARDE

Je connais ce Deforme : voilà sept ans que l'infâme voleur circule librement sous l'habit d'un gentilhomme. Je me rappelle son nom.

BORACHIO

N'as-tu pas entendu quelqu'un ?

CONRAD

Non, c'était cette girouette sur la maison.

BORACHIO

Ne vois-tu pas, dis-je, quelle détrousseuse de formes est cette mode ? Et comme elle tourne la tête à tous nos

between fourteen and five-and-thirty? sometimes
fashioning them like Pharaoh's soldiers in the reechy
painting, sometime like god Bel's priests in the old
church window, sometime like the shaven Hercules in
the smirched worm-eaten tapestry, where his cod-piece
seems as massy as his club?

CONRADE

All this I see, and I see that the fashion wears out
more apparel than the man... But art not thou
thyself giddy with the fashion too, that thou hast
shifted out of thy tale into telling me of the fashion?

BORACHIO

Not so neither. But know that I have to-night
wooed Margaret, the Lady Hero's gentlewoman, by
the name of Hero. She leans me out at her mistress'
chamber-window, bids me a thousand times good
night... I tell this tale vilely—I should first tell thee
how the prince, Claudio, and my master, planted and
placed and possessed by my master Don John, saw afar
off in the orchard this amiable encounter.

CONRADE

And thought they Margaret was Hero?

BORACHIO

Two of them did, the prince and Claudio. But the
devil, my master, knew she was Margaret—and party
by his oaths, which first possessed them, partly by the
dark night, which did deceive them, but chiefly by my
villainy, which did confirm any slander that Don John
had made, away went Claudio enraged, swore he
would meet her as he was appointed next morning at
the temple, and there, before the whole congregation,

exaltés de quatorze à trente-cinq ans ? Elle vous les attife tantôt comme les soldats du Pharaon sur les peintures enfumées, tantôt comme les prêtres de Baal sur un vieux vitrail, ou encore comme ces Hercules tondus qu'on voit aux tapisseries crasseuses et mangées des vers, avec une braguette aussi formidable que leur massue.

CONRAD

Mais oui, je vois tout cela ; je vois aussi que la mode use plus de vêtements qu'un homme... Mais n'as-tu pas toi-même la tête tournée par la mode, que tu as lâché ton histoire pour me parler de ladite mode !

BORACHIO

Pas du tout. Mais sache que, cette nuit, j'ai courtisé Marguerite, la suivante de Dame Héro, en lui donnant le nom de Héro. Penchée à la fenêtre de sa maîtresse, elle me souhaita mille fois le bonsoir... je raconte cette histoire en dépit du bon sens. J'aurais dû te dire tout d'abord que le prince, Claudio et mon maître, postés, placés et pigeonnés par mon maître Don Juan, observaient du fond du jardin cette amoureuse rencontre.

CONRAD

Et ils ont cru que Marguerite était Héro ?

BORACHIO

Deux l'ont cru, le prince et Claudio. Mais mon diable de maître savait que c'était Marguerite, et en partie grâce aux serments dont il les avait leurrés, en partie grâce à la nuit noire qui les aveuglait et surtout grâce à mes noires accusations qui venaient confirmer toutes les calomnies de Don Juan, Claudio s'en est allé fou de rage, jurant qu'il la rejoindrait le lendemain matin au temple, comme il était convenu, et que là,

shame her with what he saw o'er-night, and send her home again without a husband.

[*the watchmen sally forth.*

2 WATCHMAN

We charge you in the prince's name, stand.

1 WATCHMAN

Call up the right Master Constable. We have here recovered the most dangerous piece of lechery that ever was known in the commonwealth.

2 WATCHMAN

And one Deformed is one of them—I know him, a' wears a lock.

CONRADE

Masters, masters.

2 WATCHMAN

You'll be made bring Deformed forth, I warrant you.

CONRADE

Masters.

1 WATCHMAN

Never speak, we charge you. Let us obey you to go with us.

BORACHIO

We are like to prove a goodly commodity, being taken up of these men's bills.

devant toute l'assemblée, il lui jetterait au visage ce qu'il a vu ce soir et la renverrait au logis, sans époux.

Les gardes sortent de leur cachette.

DEUXIÈME GARDE

Au nom du prince, nous vous l'ordonnons : halte-là !

PREMIER GARDE

Allez chercher Monsieur le constable. Nous venons de recouvrir le plus dangereux cas d'ubiquité qu'on ait jamais vu dans la république.

DEUXIÈME GARDE

Et il y a un certain Deforme qui est dans le coup, je le connais, il porte un accroche-cœur.

CONRAD

Mes amis, mes amis...

DEUXIÈME GARDE

On vous forcera à le faire paraître, ce Deforme, je vous le garantis.

CONRAD

Mes amis...

PREMIER GARDE

Pas un mot, c'est un ordre. Nous vous obtempérons de nous suivre.

BORACHIO

Nous voici traités comme une précieuse marchandise, que l'on enferme étroitement[37].

CONRADE

A commodity in question, I warrant you. Come, we'll obey you.

[*the watchmen hale them away.*

[III, 4.]

A room opening into Hero's bed-chamber.

HERO, *before a mirror*, MARGARET, *and* URSULA.

HERO

Good Ursula, wake my cousin Beatrice, and desire her to rise.

URSULA

I will, lady.

HERO

And bid her come hither.

URSULA

Well.

[*she goes out.*

MARGARET

Troth, I think your other rebato were better.

HERO

No, pray thee good Meg, I'll wear this.

CONRAD

Une marchandise suspecte, je gage. C'est bon, nous vous obéissons.

Ils sortent.

SCÈNE IV

Une pièce communiquant avec la chambre de Héro.

HÉRO, *devant un miroir*, MARGUERITE *et* URSULE.

HÉRO

Bonne Ursule, éveille ma cousine Béatrice et prie-la de se lever.

URSULE

J'y vais, madame.

HÉRO

Et dis-lui de venir ici.

URSULE

Bien.

Elle sort.

MARGUERITE

Sincèrement, je pense que votre autre collerette ferait meilleur effet.

HÉRO

Non, je t'en prie, chère Margot. Je veux porter celle-ci.

MARGARET

By my troth's not so good, and I warrant your cousin will say so.

HERO

My cousin's a fool, and thou art another. I'll wear none but this.

MARGARET

I like the new tire within excellently, if the hair were a thought browner: and your gown's a most rare fashion i'faith. I saw the Duchess of Milan's gown that they praise so—

HERO

O that exceeds, they say.

MARGARET

By my troth's but a night-gown in respect of yours—cloth o' gold and cuts, and laced with silver, set with pearls down sleeves, side-sleeves, and skirts, round underborne with a bluish tinsel—but for a fine quaint graceful and excellent fashion, yours is worth ten on't.

HERO

God give me joy to wear it, for my heart is exceeding heavy.

MARGARET

'Twill be heavier soon by the weight of a man.

MARGUERITE

Je vous jure qu'elle vous va moins bien, et je gagerais que votre cousine vous le dira.

HÉRO

Ma cousine est une sotte et tu en es une autre. Je ne mettrai que cette collerette-ci.

MARGUERITE

J'aime infiniment la nouvelle coiffure que vous avez là-bas[38], mais les cheveux devraient être un rien plus foncés ; et votre robe est, sur ma vie, d'une élégance incomparable. J'ai vu la toilette de la duchesse de Milan dont on fait tant de cas...

HÉRO

Oh, c'est la perfection, à ce qu'on dit.

MARGUERITE

Sur l'honneur, ce n'est qu'une robe de chambre à côté de la vôtre. Du drap d'or à crevés et broderies d'argent, rehaussées de perles entourant les manches collantes, les manches flottantes et les jupes, ces broderies fixées sur un lamé bleuâtre... mais pour la beauté, l'élégance, l'originalité et le bon goût, la vôtre la vaut dix fois.

HÉRO

Que Dieu m'accorde de la porter avec joie, car j'ai un poids terrible sur le cœur.

MARGUERITE

Il va bientôt s'aggraver du poids d'un homme !

HERO

Fie upon thee, art not ashamed?

MARGARET

Of what, lady? of speaking honourably? is not marriage honourable in a beggar? is not your lord honourable without marriage? I think you would have me say, 'saving your reverence, a husband': an bad thinking do not wrest true speaking—I'll offend nobody—is there any harm in 'the heavier for a husband'? none I think, an it be the right husband, and the right wife, otherwise 'tis light and not heavy —ask my Lady Beatrice else, here she comes.

Beatrice enters.

HERO

Good morrow, coz.

BEATRICE

Good morrow, sweet Hero.

HERO

Why how now? do you speak in the sick tune?

BEATRICE

I am out of all other tune, methinks.

MARGARET

Clap's into 'Light o' love'—that goes without a burden—do you sing it, and I'll dance it.

HÉRO

Fi donc! N'as-tu pas honte?

MARGUERITE

Honte de quoi, Madame? De parler d'une chose honorable? Le mariage n'est-il pas chose honorable, même pour un gueux? Votre seigneur n'est-il pas honorable, mariage mis à part? Je crois que vous voudriez m'entendre dire : « sauf votre respect, le poids d'un mari »; si nulle mauvaise pensée n'altère mon franc parler, je n'offense personne. Quel mal y a-t-il à parler du « poids d'un mari »? Non certes, pourvu qu'il s'agisse du mari qu'il faut et de la femme de ce mari-là. Sinon, nous ne parlerions plus de pesanteur, mais de légèreté. Demandez plutôt à Madame Béatrice, la voici qui vient.

Entre Béatrice.

HÉRO

Bonjour, petite cousine.

BÉATRICE

Bonjour, gentille Héro.

HÉRO

Eh bien, qu'avez-vous donc? Sur quel ton languissant vous parlez!

BÉATRICE

Je détonne chaque fois que je parle autrement, me semble-t-il.

MARGUERITE

Entonnez l'air de « Léger en amour » qui se chante sans voix d'homme. Vous le chanterez, je le danserai!

BEATRICE

Yea, light o' love with your heels—then if your husband have stables enough you'll see he shall lack no barns.

MARGARET

O illegitimate construction! I scorn that with my heels.

BEATRICE

'Tis almost five o'clock cousin, 'tis time you were ready. By my troth I am exceeding ill. Heigh-ho!

MARGARET

For a hawk, a horse, or a husband?

BEATRICE

50 For the letter that begins them all, H.

MARGARET

Well, an you be not turned Turk, there's no more sailing by the star.

BEATRICE

What means the fool, trow?

MARGARET

Nothing I—but God send every one their heart's desire.

HERO

These gloves the count sent me, they are an excellent perfume.

BÉATRICE

Oui-da, jouez un peu des talons sur cet air : alors, si votre mari sait bien tasser le foin, vous saurez, vous, remplir la crèche.

MARGUERITE

O l'illégitime glose ! Je la repousse du talon.

BÉATRICE

Il est près de cinq heures, cousine. Vous devriez être prête. Ah, sur ma foi, je me sens un malaise extrême. Holà ! ohé !

MARGUERITE

Que réclamez-vous là ? Une épinette, de l'ellébore, un époux ?

BÉATRICE

Fi, ils commencent tous trois par : hais[39].

MARGUERITE

Allons ! Si vous ne vous avérez pas Turque renégate en ceci, on ne naviguera plus par l'étoile polaire.

BÉATRICE

Que veut dire cette sotte, je me le demande ?

MARGUERITE

Moi ? Oh, rien. Que Dieu envoie à chacun ce que son cœur désire.

HÉRO

Voici des gants que le comte m'a envoyés : leur parfum est exquis.

BEATRICE

I am stuffed, cousin, I cannot smell.

MARGARET

A maid and stuffed! there's goodly catching of cold.

BEATRICE

60   O, God help me, God help me, how long have you professed apprehension?

MARGARET

Ever since you left it.   Doth not my wit become me rarely?

BEATRICE

It is not seen enough, you should wear it in your cap.   By my troth I am sick.

MARGARET

Get you some of this distilled Carduus Benedictus, and lay it to your heart — it is the only thing for a qualm.

HERO

There thou prick'st her with a thistle.

BEATRICE

70   Benedictus, why Benedictus? you have some moral in this Benedictus.

BÉATRICE

J'ai pris froid, cousine, et ne puis rien sentir.

MARGUERITE

Une pucelle, ne rien sentir ! C'est avoir pris froid [40] bien étrangement.

BÉATRICE

Grâce, mon Dieu, grâce ! Depuis quand tenez-vous bureau d'esprit ?

MARGUERITE

Depuis que vous y avez renoncé. Est-ce que mon esprit ne me sied pas à merveille ?

BÉATRICE

On ne le voit pas assez. Vous devriez le porter sur votre marotte... Je me sens très mal, je le jure.

MARGUERITE

Procurez-vous un peu de cette essence de Carduus Benedictus [41] et appliquez-vous-en sur la poitrine : c'est le seul remède contre les haut-le-cœur.

HÉRO

Tu viens de la piquer avec ce chardon !

BÉATRICE

Benedictus, pourquoi Benedictus ? Vous dissimulez quelque apologue sous ce Benedictus.

MARGARET

Moral? no, by my troth, I have no moral meaning—I meant plain holy-thistle. You may think perchance that I think you are in love—nay by'r lady I am not such a fool to think what I list, nor I list not to think what I can, nor indeed I cannot think, if I would think my heart out of thinking, that you are in love: or that you will be in love, or that you can be in love yet Benedick was such another and now is he become a man, he swore he would never marry, and yet now in despite of his heart he eats his meat without grudging —and how you may be converted I know not, but methinks you look with your eyes as other women do.

BEATRICE

What pace is this that thy tongue keeps?

MARGARET

Not a false gallop.

Ursula returns in haste.

URSULA

Madam, withdraw. The prince, the count, Signior Benedick, Don John, and all the gallants of the town are come to fetch you to church.

HERO

Help to dress me, good coz, good Meg, good Ursula.

[*they hasten to the bed-chamber.*

MARGUERITE

Un sens caché? Non pas, sur ma foi, c'est une histoire sans morale. Je parle simplement de chardon bénit. Peut-être allez-vous imaginer que je vous crois amoureuse... nenni, par Notre-Dame. Je ne suis pas assez sotte pour croire tout ce qui me plaît, et il ne me plaît pas de croire tout ce que je pourrais croire; comment pourrais-je croire, quand je m'épuiserais le cœur à croire, que vous êtes amoureuse ou que vous serez jamais amoureuse ou que vous êtes capable d'être amoureuse?... Et pourtant, Bénédict était tout pareil et le voici devenu un homme; il jurait que jamais il ne se marierait et maintenant, malgré qu'il en ait, il se découvre autant d'appétit que quiconque. Quant à vous, je ne sais à quel point vous êtes convertie, mais il me semble que vous regardez avec vos yeux comme les autres femmes.

BÉATRICE

A quelle allure court ta langue?

MARGUERITE

Ce n'est pas un faux galop.

Ursule rentre en hâte.

URSULE

Retirez-vous, madame. Le prince, le comte, le signor Bénédict, Don Juan et tous les galants de la ville sont arrivés pour vous conduire à l'église.

HÉRO

Aidez-moi à m'habiller, ma bonne cousine, ma bonne Margot, ma bonne Ursule!...

Elles s'enfuient vers la chambre à coucher.

[III, 5.]

The hall in Leonato's house.

LEONATO, DOGBERRY *and* VERGES.

LEONATO

What would you with me, honest neighbour?

DOGBERRY

Marry, sir, I would have some confidence with you, that decerns you nearly.

LEONATO

Brief I pray you, for you see it is a busy time with me.

DOGBERRY

Marry, this it is, sir.

VERGES

Yes, in truth it is, sir.

LEONATO

What is it, my good friends?

DOGBERRY

Goodman Verges, sir, speaks a little off the matter
—an old man, sir, and his wits are not so blunt, as God help I would desire they were, but in faith honest, as the skin between his brows.

SCÈNE V

Salle dans le palais de Léonato.

LÉONATO, CORNOUILLE *et* VERJUS.

LÉONATO

Que me voulez-vous, honnête voisin?

CORNOUILLE

Parbleu, monsieur, je voudrais vous communiquer certaine chose qui vous décerne de près.

LÉONATO

Brièvement, je vous prie, car je suis fort occupé, vous le voyez.

CORNOUILLE

Eh bien, voici l'affaire, monsieur.

VERJUS

Eh oui, vraiment, voici l'affaire, monsieur.

LÉONATO

De quoi s'agit-il, mes bons amis?

CORNOUILLE

Le bonhomme Verjus, monsieur, est un peu à côté de la question. Il a de l'âge, monsieur, et son esprit n'est pas aussi obtus, Dieu sait, que je le souhaiterais, mais probe et net, je le jure, autant que la peau de son front [42].

VERGES

Yes, I thank God, I am as honest as any man living, that is an old man, and no honester than I.

DOGBERRY

Comparisons are odorous—palabras, neighbour Verges.

LEONATO

Neighbours, you are tedious.

DOGBERRY

It pleases your worship to say so, but we are the poor duke's officers. But truly for mine own part if I were as tedious as a king I could find in my heart to bestow it all of your worship.

LEONATO

All thy tediousness on me, ah?

DOGBERRY

Yea, an 'twere a thousand pound more than 'tis, for I hear as good exclamation on your worship as of any man in the city, and though I be but a poor man, I am glad to hear it.

VERGES

And so am I.

LEONATO

I would fain know what you have to say.

VERJUS

Oui, Dieu merci, je suis aussi probe et net que tout homme vivant, j'entends par là un vieil homme qui serait pas plus probe et net que moi.

CORNOUILLE

Les comparaisons sont surinterrogatoires, voisin Verjus : trêve de mots.

LÉONATO

Vous êtes fastidieux, voisins.

CORNOUILLE

Cela plaît à dire à Votre Seigneurie, mais nous ne sommes que des officiers du duc sans le sou. Mais, sincèrement, pour ma part, si j'étais aussi fastidieux qu'un roi, je donnerais de bon cœur tout ce faste à Votre Seigneurie.

LÉONATO

Tout ce que tu as de plus fastidieux serait pour moi, eh ?

CORNOUILLE

Oui, quand je vaudrais mille livres de plus qu'aujourd'hui, car j'entends partout décrier Votre Seigneurie aussi fort que quiconque en cette ville, et j'ai beau n'être qu'un pauvre homme, ça me fait plaisir à entendre.

VERJUS

Et moi de même.

LÉONATO

Je voudrais bien savoir ce que vous avez à me dire.

VERGES

Marry, sir, our watch to-night, excepting your worship's presence, ha' ta'en a couple of as arrant knaves as any in Messina.

DOGBERRY

A good old man, sir, he will be talking—as they say, 'when the age is in, the wit is out.' God help us, it is a world to see... Well said, i'faith, neighbour Verges. Well, God's a good man—an two men ride of a horse, one must ride behind. An honest soul i'faith, sir, by my troth he is, as ever broke bread, but—God is to be worshipped—all men are not alike, alas, good neighbour.

LEONATO

Indeed, neighbour, he comes too short of you.

DOGBERRY

Gifts that God gives.

LEONATO

I must leave you.

DOGBERRY

One word, sir—our watch, sir, have indeed comprehended two aspicious persons, and we would have them this morning examined before your worship.

LEONATO

Take their examination yourself, and bring it me, I am now in great haste, as it may appear unto you.

VERJUS

Ma foi, monsieur, notre guet a arrêté ce soir les deux plus fieffés coquins, sauf votre révérence, monseigneur, de tout Messine.

CORNOUILLE

Ce bon vieil homme, monseigneur, il faut absolument qu'il parle. Comme on dit : vienne l'âge, l'esprit s'enfuit. Dieu nous aide ! Ah, c'en est un monde... Bien dit, ma foi, voisin Verjus ; allons, Dieu est un bon bougre ; quand il y a deux hommes sur le même cheval il faut que l'un des deux chevauche en croupe ; ma parole, monsieur, c'est l'âme la plus honnête qui ait jamais rompu le pain, mais — que Dieu soit loué — il faut de tout pour faire un monde, hélas, mon bon compère.

LÉONATO

Assurément, voisin, il n'est pas à votre hauteur.

CORNOUILLE

Dieu donne ses dons comme il l'entend.

LÉONATO

Je dois vous quitter.

CORNOUILLE

Un seul mot, monsieur. C'est vrai que notre guet vient de compréhender deux individus pleins de suspicion et nous voudrions les interroger ce matin devant Votre Seigneurie.

LÉONATO

Procédez vous-même à l'interrogatoire et apportez-m'en le procès-verbal, je suis très pressé en ce moment, comme vous pouvez le voir.

DOGBERRY

It shall be suffigance.

LEONATO

Drink some wine ere you go: fare you well.
> [*he meets a messenger at the door.*

MESSENGER

50 My lord, they stay for you to give your daughter to her husband.

LEONATO

I'll wait upon them—I am ready.
> [*Leonato and the messenger go out.*

DOGBERRY

Go good partner, go get you to Francis Seacoal, bid him bring his pen and inkhorn to the gaol: we are now to examination these men.

VERGES

And we must do it wisely.

DOGBERRY

We will spare for not wit, I warrant you: here's that [*touches his forehead*] shall drive some of them to a 'noncome.' Only get the learned writer to set down our 60 excommunication, and meet me at the gaol.
> [*they depart.*

CORNOUILLE

Ça devra faire l'affaire.

LÉONATO

Buvez un verre de vin avant de partir. Adieu.
Il rencontre un messager à la porte.

LE MESSAGER

Monseigneur, on attend que vous veniez donner votre fille à son mari.

LÉONATO

Je suis prêt. J'y vais.
Sortent Léonato et le messager.

CORNOUILLE

Allez, mon cher collègue. Allez trouver François Houilledemer. Dites-lui qu'il apporte à la prison sa plume et son encrier. Il nous faut maintenant interroger ces gens-là.

VERJUS

Et habilement.

CORNOUILLE

Nous n'épargnerons pas l'esprit, je vous le garantis : il y a là (*se touchant le front*) de quoi réduire pas mal de gens à quia. Mais allez chercher le savant écrivain pour qu'il enregistre notre excommunication, nous nous retrouverons à la prison.

Ils sortent.

ACTE IV

[IV, 1.]

Before the altar of a church.

DON PEDRO, DON JOHN, LEONATO, FRIAR FRANCIS, CLAUDIO, BENEDICK, HERO, BEATRICE, *etc.*

LEONATO

Come Friar Francis, be brief—only to the plain form of marriage, and you shall recount their particular duties afterwards.

FRIAR

You come hither, my lord, to marry this lady?

CLAUDIO

No.

LEONATO

To be married to her: friar, you come to marry her.

SCÈNE PREMIÈRE

Une église.

DON PÉDRO, DON JUAN, FRÈRE FRANÇOIS, CLAUDIO, BÉNÉDICT, HÉRO, BÉATRICE, *etc.*

LÉONATO

Allons, Frère François, soyez bref : la simple formule du mariage, et vous énumérerez ensuite les obligations particulières.

FRÈRE FRANÇOIS

Vous venez ici, monseigneur, pour vous marier avec cette dame[43] ?

CLAUDIO

Non.

LÉONATO

Pour être marié avec elle : c'est vous, mon frère, qui êtes venu les marier.

FRIAR

Lady, you come hither to be married to this count?

HERO

I do.

FRIAR

If either of you know any inward impediment why you should not be conjoined, I charge you on your souls to utter it.

CLAUDIO

Know you any, Hero?

HERO

None my lord.

FRIAR

Know you any, count?

LEONATO

I dare make his answer, 'none.'

CLAUDIO

O, what men dare do! what men may do! what men daily do, not knowing what they do!

BENEDICK

How now! interjections? Why then, some be of laughing, as 'ah! ha! he!'

LE FRÈRE

Vous êtes venue ici, madame, pour être mariée avec le comte ?

HÉRO

Oui.

LE FRÈRE

Si l'un de vous deux connaît quelque empêchement secret à votre union, je le somme sur le salut de votre âme de le révéler.

CLAUDIO

En connaissez-vous un, Héro ?

HÉRO

Aucun, monseigneur.

LE FRÈRE

Et vous, comte, en connaissez-vous un ?

LÉONATO

J'ose répondre pour lui : aucun.

CLAUDIO

Oh, ce qu'osent les hommes ! ce que peuvent faire les hommes ! Ce que font tous les jours les hommes, sans savoir ce qu'ils font !

BÉNÉDICT

Qu'est-ce à dire ? Rien que des exclamations ! Ajoutez du moins quelques rires : Ha, ha, ha !

CLAUDIO

20 Stand thee by, friar. Father, by your leave—
Will you with free and unconstrainéd soul
Give me this maid your daughter?

LEONATO

As freely, son, as God did give her me.

CLAUDIO

And what have I to give you back whose worth
May counterpoise this rich and precious gift?

DON PEDRO

Nothing, unless you render her again.

CLAUDIO

Sweet prince, you learn me noble thankfulness...
There Leonato, take her back again,
Give not this rotten orange to your friend,
30 She's but the sign and semblance of her honour...
Behold how like a maid she blushes here!
O, what authority and show of truth
Can cunning sin cover itself withal!
Comes not that blood, as modest evidence,
To witness simple virtue? would you not swear,
All you that see her, that she were a maid,
By these exterior shows? But she is none:
She knows the heat of a luxurious bed:
Her blush is guiltiness, not modesty.

LEONATO

40 What do you mean my lord?

CLAUDIO

Not to be married,
Not to knit my soul to an approved wanton.

CLAUDIO

Attends, moine. Père, permettez... Allez-vous, d'une âme libre et sans contrainte, me donner cette vierge, votre fille ?

LÉONATO

D'aussi bon gré, mon fils, que Dieu me la donna.

CLAUDIO

Et que puis-je vous donner en échange, dont la valeur égale un aussi riche et précieux présent ?

DON PÉDRO

Rien, si vous ne lui rendez sa fille !

CLAUDIO

Cher prince, vous m'enseignez à m'acquitter noblement... Tenez, Léonato, reprenez-la. Ne donnez pas à votre ami cette orange pourrie. Elle n'a que les dehors, que la semblance de l'honneur. Voyez, la voici qui rougit comme une vierge ! Oh, de quel prestige, de quelle apparente loyauté l'astucieux péché se peut-il donc vêtir ! Ce sang ne vient-il pas en pudique témoin attester la vertu candide ? Ne jureriez-vous pas à de pareils dehors, vous tous qui la voyez, qu'elle est vierge ? Or elle ne l'est pas ! Elle connaît les ardeurs d'une couche voluptueuse : ce n'est point par pudeur qu'elle rougit, mais par honte !

LÉONATO

Que prétendez-vous, comte ?

CLAUDIO

Ne pas me marier ! Ne pas lier mon âme à une gourgandine avérée.

LEONATO

Dear my lord, if you in your own proof,
Have vanquished the resistance of her youth,
And made defeat of her virginity—

CLAUDIO

I know what you would say : if I have known her,
You will say she did embrace me as a husband,
And so extenuate the 'forehand sin:
No Leonato,
I never tempted her with word too large,
50 But as a brother to his sister showed
Bashful sincerity, and comely love.

HERO

And seemed I ever otherwise to you?

CLAUDIO

† Out on the seeming, I will write against it.
You seem to me as Dian in her orb,
As chaste as is the bud ere it be blown:
But you are more intemperate in your blood
Than Venus, or those pamp'red animals
That rage in savage sensuality.

HERO

Is my lord well that he doth speak so wide?

LEONATO

60 Sweet prince, why speak not you?

DON PEDRO

What should I speak?
I stand dishonoured that have gone about
To link my dear friend to a common stale.

LÉONATO

Mon cher seigneur, si vous-même, ayant voulu l'éprouver, avez vaincu la résistance de sa jeunesse et triomphé de sa virginité...

CLAUDIO

Je sais ce que vous allez dire. Si je l'ai connue, vous direz qu'elle m'a cédé comme à son époux, et vous l'excuserez de ce péché par anticipation. Non, Léonato. Jamais d'un mot trop libre je ne l'ai tentée. Mais comme un frère avec sa sœur, j'ai fait preuve envers elle de zèle retenu et de passion décente.

HÉRO

Et vous suis-je jamais apparue autrement ?

CLAUDIO

Ah fi des apparences ! Je les dénonce ici ! Vous m'êtes apparue comme Diane en sa sphère, aussi chaste que la fleur encore en bouton, mais par l'intempérance de votre sang vous surpassez Vénus, ou ces animaux bien repus que met en rut une sensualité sauvage.

HÉRO

Mon seigneur serait-il souffrant qu'il délire de la sorte ?

LÉONATO

Cher prince, vous vous taisez ?

DON PÉDRO

Que pourrais-je dire ? Je suis déshonoré pour avoir travaillé à unir mon ami cher à une vulgaire ribaude.

LEONATO

Are these things spoken, or do I but dream?

DON JOHN

Sir, they are spoken, and these things are true.

(BENEDICK

This looks not like a nuptial.

HERO

'True,' O God!

CLAUDIO

Leonato, stand I here?
Is this the prince? is this the prince's brother?
Is this face Hero's? are our eyes our own?

LEONATO

All this is so, but what of this my lord?

CLAUDIO

Let me but move one question to your daughter,
And by that fatherly and kindly power
That you have in her, bid her answer truly.

LEONATO

I charge thee do so, as thou art my child.

HERO

O God defend me how am I beset!
What kind of catechizing call you this?

LÉONATO

Ces paroles sont-elles prononcées ou suis-je la proie d'un songe ?

DON JUAN

Ces paroles sont réelles, monsieur, et vraies.

BÉNÉDICT

Voici qui ne ressemble guère à un mariage.

HÉRO

« Vraies. » Oh, mon Dieu !

CLAUDIO

Léonato, suis-je ici ? Est-ce là le Prince ? Est-ce là le frère du Prince ? Ce visage est-il celui de Héro ? Nos yeux sont-ils nos yeux ?

LÉONATO

Tout cela est comme vous le dites, mais qu'en inférer, monseigneur ?

CLAUDIO

Souffrez que je pose une question, une seule, à votre fille, et de par le pouvoir paternel que la nature vous donna sur elle, ordonnez-lui de répondre la vérité.

LÉONATO

Je t'ordonne, mon enfant, de dire la vérité.

HÉRO

O Dieu, secourez-moi ! Comme on me tourmente ! Quel étrange catéchisme est-ce là ?

CLAUDIO

To make you answer truly to your name.

HERO

Is it not Hero? who can blot that name
With any just reproach?

CLAUDIO

                Marry, that can Hero—
Hero itself can blot out Hero's virtue...
80 What man was he talked with you yesternight,
Out at your window betwixt twelve and one?
Now if you are a maid, answer to this.

HERO

I talked with no man at that hour my lord.

DON PEDRO

Why then are you no maiden... Leonato,
I am sorry you must hear: upon mine honour,
Myself, my brother, and this grievéd count,
Did see her, hear her, at that hour last night,
Talk with a ruffian at her chamber-window—
Who hath indeed, most like a liberal villain,
90 Confessed the vile encounters they have had
A thousand times in secret.

DON JOHN

Fie, fie! they are not to be named, my lord,
Not to be spoke of.
There is not chastity enough in language,
Without offence, to utter them... Thus, pretty lady,
I am sorry for thy much misgovernment.

CLAUDIO

Je veux vous forcer à répondre vraiment à votre nom.

HÉRO

N'est-ce pas Héro ? Qui peut souiller ce nom d'une accusation méritée ?

CLAUDIO

Par Notre-Dame, Héro le peut. Héro elle-même peut flétrir à jamais la vertu de Héro. Qui est l'homme qui vous parlait cette nuit à la fenêtre de votre chambre entre minuit et une heure ? Si vous êtes une pucelle, répondez.

HÉRO

A cette heure-là, je n'ai parlé à aucun homme, monseigneur.

DON PÉDRO

Alors, vous n'êtes pas une pucelle... Léonato, je suis désolé, mais il faut que vous le sachiez : sur mon honneur, cette nuit à cette heure-là, nous l'avons vue, nous l'avons entendue, moi-même, mon frère et ce malheureux comte. Elle causait à la fenêtre de sa chambre avec un scélérat qui, d'ailleurs, en libertin éhonté, a confessé leurs mille infâmes rendez-vous secrets.

DON JUAN

Fi, fi ! des choses innommables, monseigneur, des choses dont il ne faut point parler. Il n'y a pas de mots assez chastes dans notre langue pour les rapporter sans offenser... Ah, ma jolie dame, je suis peiné pour vous de tant d'inconduite.

CLAUDIO

O Hero! what a Hero hadst thou been,
If half thy outward graces had been placed
† About the thoughts and counsels of thy heart!
But, fare thee well, most foul, most fair—farewell,
Thou pure impiety, and impious purity.
For thee I'll lock up all the gates of love,
And on my eyelids shall conjecture hang,
To turn all beauty into thoughts of harm,
And never shall it more be gracious.

LEONATO

Hath no man's dagger here a point for me?

[Hero swoons.

BEATRICE

Why, how now cousin, wherefore sink you down?

DON JOHN

Come let us go: these things, come thus to light,
Smother her spirits up.

[Don Pedro, Don John, and Claudio leave the church.

BENEDICK

How doth the lady?

BEATRICE

Dead I think—help uncle—
Hero—why Hero—uncle—Signior Benedick—Friar!

LEONATO

O Fate! take not away thy heavy hand.
Death is the fairest cover for her shame
That may be wished for.

CLAUDIO

O Héro, quelle Héro tu aurais été [44] si la moitié de tes grâces visibles avaient embelli tes pensées et les élans de ton cœur ! Mais, je te dis adieu, très hideuse et très belle ; adieu, ô impiété pure et pureté impie. A cause de toi, je barrerai toute entrée à l'amour, oui, la méfiance pèsera sur ma paupière pour changer toute beauté en chose maléfique et la priver à jamais de son attrait.

LÉONATO

Personne n'a-t-il ici un poignard pour me percer ?

Héro s'évanouit.

BÉATRICE

Hé là, cousine, pourquoi t'abandonnes-tu ainsi ?

DON JUAN

Retirons-nous, venez ; ces choses, soudain mises en lumière, accablent ses esprits.

Don Pédro, Don Juan et Claudio quittent l'église.

BÉNÉDICT

Comment va-t-elle ?

BÉATRICE

Morte, je crois... au secours, mon oncle... Héro, réponds, Héro... oncle... signor Bénédict !... Frère François !

LÉONATO

Oh Destin ! ne détourne pas ta main pesante. On ne saurait souhaiter pour sa honte meilleur voile que la mort.

BEATRICE

How now cousin Hero?

FRIAR

Have comfort lady.

LEONATO

Dost thou look up?

FRIAR

Yea, wherefore should she not?

LEONATO

Wherefore? why, doth not every earthly thing
Cry shame upon her? could she here deny
The story that is printed in her blood?
Do not live Hero, do not ope thine eyes:
For did I think thou wouldst not quickly die,
Thought I thy spirits were stronger than thy shames,
Myself would on the rearward of reproaches
Strike at thy life... Grieved I, I had but one?
Chid I for that at frugal nature's frame?
O, one too much by thee... Why had I one?
Why ever wast thou lovely in my eyes?
Why had I not with charitable hand
Took up a beggar's issue at my gates,
Who smirched thus, and mired with infamy,
I might have said, 'No part of it is mine,
This shame derives itself from unknown loins'?
But mine, and mine I loved, and mine I praised,
And mine that I was proud on, mine so much
That I myself was to myself not mine,
Valuing of her—why she, O she is fall'n
Into a pit of ink, that the wide sea
Hath drops too few to wash her clean again,
And salt too little which may season give
To her foul tainted flesh.

BÉATRICE

Comment te sens-tu, cousine ?

LE FRÈRE

Du courage, madame.

LÉONATO

Quoi, tu relèves la tête ?

LE FRÈRE

Mais oui, pourquoi ne la relèverait-elle pas ?

LÉONATO

Pourquoi ? Mais toute créature ne crie-t-elle pas : honte à elle ! Pourrait-elle nier ici l'histoire qui est inscrite dans le sang de sa joue ? Ne revis pas, Héro. Ne rouvre pas les yeux ; car si je ne te croyais pas tout près de mourir, si je tenais ton instinct de vivre pour plus fort que ta honte, c'est moi-même qui accourrais à l'arrière-garde de tes remords, pour t'ôter la vie. Je me plaignais de n'avoir qu'un enfant ! J'en faisais reproche à la trop avare Nature ! Oh, j'ai eu en toi une fille de trop... Et pourquoi en ai-je eu une ? Pourquoi donc as-tu fait la joie de mes yeux ? Pourquoi n'ai-je pas, d'une main charitable, recueilli devant ma porte la fille d'un gueux ? En la voyant aujourd'hui salie, éclaboussée de déshonneur, je pourrais me dire : « Cette honte n'est mienne en rien, elle a pris sa source dans les reins d'un inconnu. » Mais cette fille qui était mienne, mienne pour mon amour, mienne pour mes louanges, mienne pour mon orgueil, tellement mienne que moi-même, à force d'en faire cas je n'étais plus mien pour moi-même, eh bien, elle, oh ! elle est tombée dans ce puits d'encre si noir que la vaste mer n'a pas assez de gouttes pour l'en laver, ni assez de sel pour assainir sa chair corrompue !

BENEDICK

Sir, sir, be patient. For my part, I am so attired in wonder,
I know not what to say.

BEATRICE

O, on my soul, my cousin is belied!

BENEDICK

Lady, were you her bedfellow last night?

BEATRICE

No, truly, not—although, until last night,
I have this twelvemonth been her bedfellow.

LEONATO

Confirmed, confirmed—O, that is stronger made,
Which was before barred up with ribs of iron.
Would the two princes lie? and Claudio lie,
150 Who loved her so, that, speaking of her foulness,
Washed it with tears! Hence from her, let her die.

FRIAR

Hear me a little—
† [For I have only been silent so long,
And given way unto this course of fortune,]
By nothing of the lady, I have marked
A thousand blushing apparitions
To start into her face, a thousand innocent shames
In angel whiteness beat away those blushes,
And in her eye there hath appeared a fire,
160 To burn the errors that these princes hold
Against her maiden truth... Call me a fool,
Trust not my reading, nor my observations,
Which with experimental seal doth warrant

BÉNÉDICT

Monsieur, monsieur, soyez calme ! Pour ma part, je suis plongé dans une telle surprise que je ne sais que dire.

BÉATRICE

O, sur mon âme, ma cousine est accusée à tort !

BÉNÉDICT

Etiez-vous cette nuit sa compagne de lit, madame ?

BÉATRICE

Non, à dire vrai, non... mais jusqu'à cette nuit, il y avait douze mois que nous dormions ensemble.

LÉONATO

Nouvelle preuve, nouvelle preuve. O, voici qui renforce encore ce qu'armaient déjà des barres de fer ! Les deux princes mentiraient-ils ? Et Claudio mentirait-il, lui qui l'aimait tant qu'en parlant de ses impuretés il les lavait de ses larmes ! Ecartez-vous d'elle : laissez-la mourir !

LE FRÈRE

Ecoutez-moi un instant... [car je n'ai gardé si longtemps le silence [45] et laissé les événements se dérouler...] En observant cette jeune fille, j'ai vu mille rougeurs soudaines envahir son visage, mille innocentes hontes angéliquement pâles repousser ces rougeurs et s'allumer dans ses yeux une flamme prête à consumer les faussetés que les princes ont soutenues contre sa pureté virginale... Traitez-moi de fou, doutez de ce que j'ai déchiffré et observé, niez le sceau de mon

The tenour of my book: trust not my age,
My reverence, calling, nor divinity,
If this sweet lady lie not guiltless here
Under some biting error.

LEONATO

Friar, it cannot be.
Thou seest that all the grace that she hath left
Is that she will not add to her damnation
A sin of perjury—she not denies it:
Why seek'st thou then to cover with excuse
That which appears in proper nakedness?

FRIAR

Lady, what man is he you are accused of?

HERO

They know that do accuse me, I know none.
If I know more of any man alive
Than that which maiden modesty doth warrant,
Let all my sins lack mercy. O my father,
Prove you that any man with me conversed
At hours unmeet, or that I yesternight
Maintained the change of words with any creature—
Refuse me, hate me, torture me to death.

FRIAR

There is some strange misprision in the princes.

BENEDICK

Two of them have the very bent of honour,
And if their wisdoms be misled in this,
The practice of it lives in John the bastard,
Whose spirits toil in france of villainies.

expérience qui garantit ce que j'ai lu en ce livre ;
comptez pour rien mon âge, ma dignité, mon ministère
et sa sainteté, si la suave jeune fille qui gît devant nous
n'est pas l'innocente victime de quelque erreur cruelle.

LÉONATO

Moine, cela ne peut être. Tu vois que la seule grâce
qui lui reste est de ne vouloir pas ajouter le parjure à
son crime damnable : elle n'a pas nié. Pourquoi
cherches-tu à couvrir d'excuses ce qui apparaît dans sa
nudité propre ?

LE FRÈRE

Madame, quel est l'homme dont on vous fait
reproche ?

HÉRO

Ceux qui m'accusent le savent : je n'en connais
aucun. Si je connais aucun homme vivant davantage
que ne le permet la modestie d'une vierge, que tous
mes péchés ignorent la merci ! O mon père, si vous
faites la preuve qu'un homme s'est entretenu avec moi
à une heure indue ou que, la nuit dernière, j'échangeai
des propos avec qui que ce soit, alors chassez-moi,
détestez-moi, torturez-moi jusqu'à la mort !

LE FRÈRE

Les princes auront commis quelque étrange
méprise.

BÉNÉDICT

Deux d'entre eux sont l'honneur même. Si leur
sagesse s'est égarée en ceci, ce doit être l'œuvre de Juan
le bâtard, dont l'esprit ne s'applique qu'à tramer des
vilenies.

LEONATO

I know not. If they speak but truth of her,
These hands shall tear her—if they wrong her honour,
The proudest of them shall well hear of it...
190 Time hath not yet so dried this blood of mine,
Nor age so eat up my invention,
Nor fortune made such havoc of my means,
Nor my bad life reft me so much of friends,
But they shall find, awaked in such a kind,
Both strength of limb, and policy of mind,
Ability in means, and choice of friends,
To quit me of them throughly.

FRIAR

                    Pause awhile,
And let my counsel sway you in this case.
Your daughter here the princes left for dead,
200 Let her awhile be secretly kept in,
And publish it that she is dead indeed,
Maintain a mourning ostentation,
And on your family's old monument
Hang mournful epitaphs, and do all rites
That appertain unto a burial.

LEONATO

What shall become of this? what will this do?

FRIAR

Marry, this well carried, shall on her behalf
Change slander to remorse—that is some good.
But not for that dream I on this strange course,
210 But on this travail look for greater birth:
She dying, as it must be so maintained,
Upon the instant that she was accused,
Shall be lamented, pitied, and excused
Of every hearer: for it so falls out
That what me have we prize not to the worth,

LÉONATO

Je ne sais. S'ils ne disent que la vérité à son propos, je la déchirerai de mes propres mains. S'ils font injure à son honneur, le plus fier d'entre eux aura de mes nouvelles. Les années n'ont pas tant desséché mon sang, l'âge n'a pas tant rongé mes facultés, les hasards n'ont pas tant ravagé ma fortune, et ma mauvaise vie ne m'a pas dépouillé de tant d'amis qu'ils ne doivent s'attendre à trouver en moi, ranimé par l'événement, un bras fort, un esprit perspicace, de suffisants moyens et des amis choisis pour m'acquitter jusqu'au bout.

LE FRÈRE

Arrêtez un moment, et que mes conseils en ceci vous dirigent. Les princes ont laissé ici votre fille pour morte. Gardez-la quelque temps chez vous en secret, publiez partout qu'elle a succombé, prenez le deuil ostensiblement, et sur votre antique tombeau de famille, suspendez de mélancoliques épitaphes : en somme, accomplissez tous les rites des funérailles.

LÉONATO

Qu'en résultera-t-il ? Qu'y gagnerons-nous ?

LE FRÈRE

Pardi, ce plan, habilement mené, transformera à son égard le scandale en pitié : premier profit. Mais ce n'est pas pour cela que je songe à cet étrange expédient : de ce travail j'attends plus belle naissance. Morte — ainsi que nous l'affirmerons — dans l'instant qu'on l'accusait, elle sera pleurée, plainte, excusée de tous. Car ainsi en est-il : ce que nous possédons, nous ne l'estimons pas à sa valeur tant que nous en

Whiles we enjoy it, but being lacked and lost,
Why then we rack the value, then we find
The virtue that possession would not show us
Whiles it was ours—so will it fare with Claudio:
220 When he shall hear she died upon his words,
Th'idea of her life shall sweetly creep
Into his study of imagination,
And every lovely organ of her life
Shall come apparelled in more precious habit,
More moving-delicate and full of life,
Into the eye and prospect of his soul,
Than when she lived indeed: then shall he mourn—
If ever love had interest in his liver—
And wish he had not so accuséd her:
230 No, though he thought his accusation true...
Let this be so, and doubt not but success
Will fashion the event in better shape
Than I can lay it down in likelihood...
But if all aim but this be levelled false,
The supposition of the lady's death
Will quench the wonder of her infamy...
And if it sort not well, you may conceal her—
As best befits her wounded reputation—
In some reclusive and religious life,
240 Out of all eyes, tongues, minds, and injuries.

BENEDICK

Signior Leonato, let the friar advise you,
And though you know my inwardness and love
Is very much unto the prince and Claudio,
Yet, by mine honour, I will deal in this
As secretly and justly as your soul
Should with your body.

LEONATO

        Being that I flow in grief,
The smallest twine may lead me.

jouissons, mais qu'il manque ou se perde, alors nous en grossissons le prix, alors nous lui trouvons des mérites que sa possession ne nous avait pas fait voir tant qu'il était nôtre. Tel sera le cas de Claudio. Lorsqu'il saura que ses paroles ont tué Héro, l'image de la vivante se glissera, suave, dans ses pensées méditatives ; chaque aimable élément de cette vie se présentera aux yeux de son âme sous de plus précieuses parures, plus délicatement émouvant et plus vivant que lorsqu'elle vivait vraiment ; alors, il se lamentera, si jamais l'amour a régné sur son cœur, et il se reprochera de l'avoir accusée, quand bien même il croirait son accusation justifiée... Faites ce que je vous dis, et ne doutez pas que le succès ne façonne le dénouement plus favorablement encore que je ne saurais le prévoir. D'ailleurs, devrions-nous manquer tout autre but, le bruit de la mort de cette dame étouffera le scandale de son infamie. Et si tout échoue, vous pourrez toujours l'enfouir — rien ne siéra mieux à son honneur blessé — dans quelque vie recluse et religieuse, loin des yeux, des langues, des critiques et des offenses...

BÉNÉDICT

Signor Léonato, suivez les conseils du Frère ; si profond que soit, vous le savez, l'attachement qui me lie au prince et à Claudio, pourtant je vous jure sur l'honneur d'agir aussi discrètement, aussi loyalement que le ferait votre âme envers votre corps.

LÉONATO

Submergé comme je suis par le flot de la douleur, le moindre bout de corde me mène.

FRIAR

'Tis well consented—presently away—
For to strange sores strangely they strain the cure.
Come lady, die to live—this wedding day
Perhaps is but prolonged—have patience and endure.

[*the Friar, Hero, and Leonato depart.*

BENEDICK

Lady Beatrice, have you wept all this while?

BEATRICE

Yea, and I will weep a while longer.

BENEDICK

I will not desire that.

BEATRICE

You have no reason, I do it freely.

BENEDICK

Surely I do believe your fair cousin is wronged.

BEATRICE

Ah, how much might the man deserve of me that would right her!

BENEDICK

Is there any way to show such friendship?

BEATRICE

A very even way, but no such friend.

LE FRÈRE

C'est donc convenu. Éloignons-nous aussitôt. Il faut aux maux étranges d'étranges remèdes. Venez, madame, vous allez mourir pour vivre. Le jour de vos noces n'est peut-être que différé. Patience et résignation.

Sortent le Frère, Héro et Léonato.

BÉNÉDICT

Madame Béatrice, avez-vous pleuré tout ce temps ?

BÉATRICE

Oui, et je veux pleurer encore.

BÉNÉDICT

Je ne le souhaite pas.

BÉATRICE

Vos souhaits importent peu : je suis libre de pleurer.

BÉNÉDICT

En vérité, je crois qu'on a fait tort à votre belle cousine.

BÉATRICE

Ah, que ne pourrait exiger de moi l'homme qui lui ferait rendre justice !

BÉNÉDICT

Est-il un moyen de donner cette preuve d'amitié ?

BÉATRICE

Un moyen bien simple... mais c'est l'ami qui manque.

BENEDICK

May a man do it?

BEATRICE

It is a man's office, but not yours.

BENEDICK

I do love nothing in the world so well as you—is not that strange?

BEATRICE

As strange as the thing I know not. It were as possible for me to say I loved nothing so well as you—but believe me not—and yet I lie not—I confess nothing, nor I deny nothing—I am sorry for my cousin.

BENEDICK

270 By my sword Beatrice, thou lovest me.

BEATRICE

Do not swear and eat it.

BENEDICK

I will swear by it that you love me, and I will make him eat it that says I love not you.

BEATRICE

Will you not ear your word?

BENEDICK

With no sauce that can be devised to it—I protest I love thee.

BÉNÉDICT

Un homme le peut-il ?

BÉATRICE

C'est la tâche d'un homme, pas la vôtre.

BÉNÉDICT

Il n'est rien au monde que j'aime autant que vous. N'est-ce pas étrange ?

BÉATRICE

Ce que je ne sais pas me demeure étrange. Il me serait aussi facile de dire que je n'aime rien autant que vous... mais ne me croyez pas... et pourtant je ne mens pas... je n'avoue rien, je ne nie rien. Je suis navrée pour ma cousine.

BÉNÉDICT

Par mon épée, Béatrice, tu m'aimes !

BÉATRICE

Ne jurez pas et ravalez vos dires !

BÉNÉDICT

Je jurerai sur mon épée que vous m'aimez et je la ferai avaler à qui dira que je ne vous aime pas !

BÉATRICE

N'allez-vous pas ravaler votre serment ?

BÉNÉDICT

Non, quelque sauce qu'on invente pour l'assaisonner. Je déclare que je t'aime.

BEATRICE

Why then God forgive me—

BENEDICK

What offence sweet Beatrice?

BEATRICE

You have stayed me in a happy hour, I was about to protest I loved you.

BENEDICK

And do it with all thy heart.

BEATRICE

I love you with so much of my heart, that none is left to protest.

BENEDICK

Come bid me do any thing for thee.

BEATRICE

Kill Claudio.

BENEDICK

Ha! not for the wide world.

BEATRICE

You kill me to deny it—farewell.

BENEDICK

Tarry sweet Beatrice.

[he stays her.

BÉATRICE

Eh bien alors, Dieu me pardonne...

BÉNÉDICT

Quel péché, exquise Béatrice ?

BÉATRICE

Vous m'avez interrompue au bon moment : j'allais protester que je vous aimais.

BÉNÉDICT

Ah, fais-le, de tout ton cœur.

BÉATRICE

Mon cœur est si bien employé à vous aimer qu'il ne m'en reste pas pour protester.

BÉNÉDICT

Allez, ordonnez-moi de faire pour vous n'importe quoi.

BÉATRICE

Tuez Claudio.

BÉNÉDICT

Ah, pour rien au monde !

BÉATRICE

C'est moi que vous tuez par ce refus. Adieu.

BÉNÉDICT

Arrête, chère Béatrice.

Il la retient.

BEATRICE

I am gone, though I am here—there is no love in you—nay I pray you let me go.

BENEDICK

Beatrice—

BEATRICE

In faith I will go.

BENEDICK

We'll be friends first.

BEATRICE

You dare easier be friends with me than fight with mine enemy.

BENEDICK

Is Claudio thine enemy?

BEATRICE

Is a' not approved in the height a villain, that hath slandered, scorned, dishonoured my kinswoman? O that I were a man! What, bear her in hand until they come to take hands, and then with public accusation, uncovered slander, unmitigated rancour—O God that I were a man! I would eat his heart in the market-place.

BENEDICK

Hear me Beatrice,—

BÉATRICE

Je suis partie, bien que je sois ici. Il n'y a pas d'amour en vous... non, je vous en prie, laissez-moi partir.

BÉNÉDICT

Béatrice!

BÉATRICE

En vérité, je veux partir.

BÉNÉDICT

Soyons amis, d'abord.

BÉATRICE

Votre audace trouve plus facile d'être mon ami que de lutter contre mon ennemi.

BÉNÉDICT

Claudio est-il ton ennemi?

BÉATRICE

N'a-t-il pas fait preuve de la pire scélératesse, celui qui a diffamé, vilipendé, déshonoré ma parente?... Oh, que ne suis-je un homme! Quoi, lui cajoler la main jusqu'au moment de joindre leurs deux mains, et puis insulte publique, calomnie ouverte, implacable rancœur! Oh mon Dieu, que ne suis-je homme! Je lui mangerais le cœur sur la place du marché.

BÉNÉDICT

Entends-moi, Béatrice...

BEATRICE

Talk with a man out at a window—a proper saying!

BENEDICK

Nay but Beatrice,—

BEATRICE

Sweet Hero, she is wronged, she is slandred, she is undone.

BENEDICK

Beat—

BEATRICE

Princes and counties! Surely a princely testimony, a goodly count, Count Comfect—a sweet gallant surely. O that I were a man for his sake! or that I had any friend would be a man for my sake! But manhood is melted into curtsies, valour into complement, and men are only turned into tongue, and trim ones too: he is now as valiant as Hercules, that only tells a lie and swears it... I cannot be a man with wishing, therefore I will die a woman with grieving.

BENEDICK

Tarry good Beatrice—by this hand I love thee.

BEATRICE

Use it for my love some other way than swearing by it.

BÉATRICE

Elle, parler à un homme par la fenêtre... la belle histoire !

BÉNÉDICT

Oui, mais Béatrice...

BÉATRICE

Ma douce Héro ! Outragée, calomniée, perdue !

BÉNÉDICT

Béa...

BÉATRICE

Princes et comtes ! Vraiment, c'est un témoignage princier, un joli compte qu'il nous a rendu là, ce comte Confit[46] ! Un galant tout sucre et tout miel, en vérité ! Ah ! que ne suis-je un homme pour le servir ou que n'ai-je un ami qui veuille être un homme pour me servir, moi ! Mais la virilité s'est fondue en courbettes, le courage en belles manières, et les hommes ne sont plus que des langues, et des langues dorées par surcroît ! Pour être aussi vaillant qu'Hercule, il suffit aujourd'hui d'inventer un mensonge et de l'appuyer d'un serment. Je ne puis me faire homme en le souhaitant, je mourrai donc femme, en gémissant.

BÉNÉDICT

Arrêtez, chère Béatrice... Par cette main, je vous aime.

BÉATRICE

Qu'elle serve cet amour autrement que par des serments !

BENEDICK

Think you in your soul the Count Claudio hath wronged Hero?

BEATRICE

Yea, as sure as I have a thought or a soul.

BENEDICK

Enough, I am engaged, I will challenge him. I will kiss your hand, and so I leave you... [*he takes her hand*] By this hand, Claudio shall render me a dear account... [*he kisses it*] As you hear of me, so think of me... Go confort your cousin. I must say she is dead—and so farewell.

[*he departs; Beatrice follows slowly after.*

[IV, 2.]

A room in a gaol.

DOGBERRY *and* VERGES *in their robes of office, the Sexton in his clerk's gown, and the Watch guarding* CONRADE *and* BORACHIO.

DOGBERRY

Is our whole dissembly appeared?

VERGES

O, a stool and a cushion for the sexton!

[*they are brought.*

BÉNÉDICT

Pensez-vous, du fond de l'âme, que le comte Claudio ait calomnié Héro ?

BÉATRICE

Oui, aussi sûr que j'ai une pensée et une âme !

BÉNÉDICT

Il suffit, vous avez ma foi. Je vais le provoquer. Votre main à baiser... je vous quitte. (*Il lui prend la main.*) Par cette main, Claudio va me le payer cher. (*Il lui baise la main.*) Sur ce qu'on vous dira de moi, jugez-moi. Allez consoler votre cousine. Je dois donc raconter qu'elle est morte. Adieu.

Il sort. Béatrice le suit après quelques minutes.

SCÈNE II

Dans la prison.

CORNOUILLE *et* VERJUS *en robe de juge, le sacristain en costume de clerc, et les hommes du guet gardant* CONRAD *et* BORACHIO.

CORNOUILLE

L'assemblance est-il au complet ?

VERJUS

Oh, un tabouret et un coussin pour le sacristain !

258   MUCH ADO ABOUT NOTHING

SEXTON [*sits*].

Which be the malefactors?

DOGBERRY

Marry, that am I, and my partner.

VERGES

Nay, that's certain. We have the exhibition to examine.

SEXTON

But which are the offenders that are to be examined? let them come before Master Constable.

DOGBERRY

Yea marry, let them come before me.
> [*Borachio and Conrade are led forward.*

10 What is your name, friend?

BORACHIO

Borachio.

DOGBERRY

Pray write down 'Borachio'... Yours, sirrah?
> [*the Sexton writes as Dogberry directs.*

CONRADE

I am a gentleman, sir, and my name is Conrade.

DOGBERRY

Write down 'Master Gentleman Conrade'... Masters, do you serve God?

LE SACRISTAIN, *s'asseyant*.

Où sont les malfaiteurs ?

CORNOUILLE

Pardi, me voilà avec mon collègue.

VERJUS

Eh pour sûr, c'est nous qui avons l'allocation d'interroger.

LE SACRISTAIN

Mais où sont les délinquants à interroger ? Qu'ils comparaissent devant monsieur le constable.

CORNOUILLE

Oui-da, qu'ils comparaissent devant moi.
Borachio et Conrad s'avancent.
Ton nom, l'ami ?

BORACHIO

Borachio.

CORNOUILLE

Écrivez, s'il vous plaît : Borachio. Et toi, l'homme ?

CONRAD

Je suis gentilhomme, monsieur, et mon nom est Conrad.

CORNOUILLE

Inscrivez : monsieur le gentilhomme Conrad. Servez-vous Dieu, messieurs ?

CONRADE, BORACHIO

Yea, sir, we hope.

DOGBERRY

Write down that they hope they serve God: and write 'God' first, for God defend but God should go before such villains... Masters, it is proved already that you are little better than false knaves, and it will go near to be thought so shortly. How answer you for yourselves?

CONRADE

Marry, sir, we say we are none.

DOGBERRY

A marvellous witty fellow, I assure you—but I will go about with him... Come you hither sirrah—a word in your ear. Sir, I say to you, it is thought you are false knaves.

BORACHIO

Sir, I say to you, we are none.

DOGBERRY

Well, stand aside. 'Fore God, they are both in a tale... Have you writ down, that they are none?

SEXTON

Master Constable, you go not the way to examine. You must call forth the watch that are their accusers.

CONRAD *et* BORACHIO

Oui, monsieur, nous l'espérons.

CORNOUILLE

Inscrivez qu'ils espèrent servir Dieu. Et écrivez Dieu en premier, car à Dieu ne plaise que Dieu ne passe pas avant de tels scélérats. Messieurs, il est déjà prouvé que vous ne valez guère mieux que de faux coquins et on ne va pas tarder à le présumer. Qu'avez-vous à répondre ?

CONRAD

Pardi, monsieur, nous répondons que nous n'en sommes pas.

CORNOUILLE

Un gaillard merveilleusement subtil, ma parole, mais avec moi il trouvera à qui parler. (*à Borachio*) Venez ici, drôle. Un mot à l'oreille. Je vous le dis, monsieur, on présume que vous êtes de faux coquins.

BORACHIO

Et moi, je vous dis, monsieur, que nous n'en sommes pas.

CORNOUILLE

Bon, écartez-vous. Pardieu, ils se sont donné le mot !... Avez-vous écrit qu'ils n'en sont pas ?

LE SACRISTAIN

Monsieur le constable, vous ne procédez pas comme il se doit pour interroger : il faut appeler devant vous les hommes du guet qui les accusent.

DOGBERRY

Yea marry, that's the eftest way, let the watch come forth... Masters, I charge you in the prince's name accuse these men.

1 WATCHMAN

This man said, sir, that Don John the prince's brother was a villain.

DOGBERRY

Write down 'Prince John a villain'... Why this is flat perjury, to call a prince's brother villain.

BORACHIO

Master Constable—

DOGBERRY

Pray thee fellow peace. I do not like thy look, I promise thee.

SEXTON

What heard you him say else?

2 WATCHMAN

Marry, that he had received a thousand ducats of Don John, for accusing the Lady Hero wrongfully.

DOGBERRY

Flat burglary as ever was committed.

VERGES

Yea by mass that it is.

CORNOUILLE

Eh oui, que diantre, c'est là le plus expédient. Gens du guet, approchez... Messieurs, je vous somme, au nom du prince, de m'accuser ces individus-là.

Ier HOMME DU GUET

Celui-ci, monsieur, a dit que Don Juan, le frère du Prince, était une canaille.

CORNOUILLE

Inscrivez : le prince Juan, une canaille. Mais c'est clair parjure que de traiter de canaille le frère d'un prince.

BORACHIO

Monsieur le constable...

CORNOUILLE

S'il te plaît, l'homme, tais-toi. Je te promets que je n'aime pas du tout ta mine.

LE SACRISTAIN

Que lui avez-vous entendu dire d'autre ?

2e HOMME DU GUET

Ma foi, qu'il avait reçu de Don Juan mille ducats pour accuser faussement madame Héro.

CORNOUILLE

Escroquerie patente s'il en fut !

VERJUS

Ah ça, oui, par la messe !

SEXTON

What else fellow?

1 WATCHMAN

And that Count Claudio did mean, upon his words, to disgrace Hero before the whole assembly, and not marry her.

DOGBERRY

O villain! thou wilt be condemned into everlasting redemption for this.

SEXTON

What else?

WATCHMEN

This is all.

SEXTON

And this is more, masters, than you can deny. Prince John is this morning secretly stolen away: Hero was in this manner accused, in this very manner refused, and upon the grief of this suddenly died... Master Constable, let these men be bound, and brought to Leonato's. I will go before and show him their examination.

[*he goes out.*

DOGBERRY

Come, let them be opinioned.

† VERGES

Let them be—in the hands.

[*he offers to bind Conrade.*

LE SACRISTAIN

Quoi encore, l'ami ?

Ier HOMME DU GUET

Et que le comte Claudio, se fiant à ses dires, avait décidé de faire honte à Héro devant toute l'assistance, et de ne pas l'épouser.

CORNOUILLE

Ah coquin ! Tu seras condamné pour cela à la rédemption éternelle !

LE SACRISTAIN

Quoi encore ?

LES HOMMES DU GUET

C'est tout.

LE SACRISTAIN

Et c'est plus, mes gaillards, que vous n'en pouvez nier. Le prince Juan s'est enfui secrètement ce matin. C'est ainsi que Héro fut accusée, ainsi même qu'elle fut refusée, et que la douleur l'a subitement tuée... Monsieur le constable, qu'on enchaîne ces hommes et qu'on les conduise chez Léonato ; je prends les devants pour lui montrer l'interrogatoire.

Il sort.

CORNOUILLE

Allez, qu'on leur trépasse les menottes !

VERJUS

Oui-da... aux mains !

Il s'offre pour lier Conrad.

CONRADE

Off, coxcomb!

DOGBERRY

God's my life, where's the sexton? let him write down the prince's officer 'coxcomb'... Come, bind them. Thou naughty varlet!

CONRADE

70 Away! you are an ass, you are an ass.

[*the Watch bind them.*

DOGBERRY

Dost thou not suspect my place? Dost thou not suspect my years? O that he were here to write me down an ass! but, masters, remember that I am an ass—though it be not written down, yet forget not that I am an ass... No, thou villain, thou art full of piety, as shall be proved upon thee by good witness. I am a wise fellow, and which is more—an officer, and which is more—a householder, and which is more—as pretty a piece of flesh as any is in Messina, and one that 80 knows the law, go to, and a rich fellow enough, go to, and a fellow that hath had losses, and one that hath two gowns and everything handsome about him... Bring him away... O that I had been writ down an ass!

[*he struts forth; the rest follow.*

CONRAD

Au large, imbécile !

CORNOUILLE

Jour de Dieu ! Où est le sacristain ? Qu'il écrive : l'officier du prince est un imbécile... Allons, attachez-les. Ah, méchant faquin !

CONRAD

Arrière ! Vous êtes un âne ! vous êtes un âne !

On les ligote.

CORNOUILLE

Est-ce que tu ne suspectes pas ma fonction ? Est-ce que tu ne suspectes pas mes années ? Oh, que n'est-il ici pour inscrire que je suis un âne ! Mais vous, messieurs, rappelez-vous que je suis un âne. Non, canaille que tu es, c'est toi qui débordes de piété comme en témoigneront des gens sûrs. Je suis un homme de discernement, et qui plus est officier, et qui plus est chef de famille, et qui plus est... un des gaillards les mieux tournées de Messine, et quelqu'un qui connaît les lois, sais-tu bien ? et qui est assez conséquent, sais-tu bien ? et qui a eu des farmages, et qui possède deux robes et qui ne porte que du beau... Emmenez-le. Oh, que n'a-t-il inscrit que je suis un âne !

Ils sortent.

ACTE V

[V, 1.]

The street before the house of Leonato.

LEONATO *and* ANTONIO *appear, walking towards the house.*

ANTONIO

If you go on thus, you will kill yourself,
And 'tis not wisdom thus to second grief
Against yourself.

LEONATO

          I pray thee cease thy counsel,
Which falls into mine ears as profitless
As water in a sieve: give not me counsel,
Nor let no comforter delight mine ear,
But such a one whose wrongs do suit with mine...
Bring me a father that so loved his child,
Whose joy of her is overwhelmed like mine,
10 And bid him speak of patience,
Measure his woe the length and breadth of mine.
And let it answer every strain for strain,

SCÈNE PREMIÈRE

La rue devant la maison de Léonato.

Entrent LÉONATO *et* ANTONIO *qui se dirigent vers la maison.*

ANTONIO

Si vous continuez de cette manière, vous allez vous tuer : il n'est pas sage de seconder ainsi la douleur contre vous-même.

LÉONATO

Je t'en prie, garde pour toi tes conseils, ils tombent dans mon oreille sans plus d'effet que l'eau dans un crible. Non, plus de conseils ; le seul consolateur qui flatterait cette oreille serait celui dont le malheur s'accorderait avec le mien. Montre-moi un père qui, après avoir chéri comme moi son enfant, a vu, comme moi, s'effondrer la joie qui lui venait d'elle ; que cet homme-là me parle de patience. Mesure son deuil à la longueur et la largeur du mien, que nos douleurs se répondent, affre pour affre, point par point, qu'elles

As thus for thus, and such a grief for such,
In every lineament, branch, shape, and form:
If such a one will smile and stroke his beard,
†And—sorry wag—cry 'hem' when he should groan,
Patch grief with proverbs, make misfortune drunk
With candle-wasters... bring him yet to me,
And I of him will gather patience...
20 But there is no such man—for, brother, men
Can counsel and speak comfort to that grief
Which they themselves not feel, but tasting it,
Their counsel turns to passion, which before
Would give preceptial medicine to rage,
Fetter strong madness in a silken thread,
Charm ache with air, and agony with words.
No, no—'tis all men's office to speak patience
To those that wring under the load of sorrow,
But no man's virtue nor sufficiency
30 To be so moral when he shall endure
The like himself... Therefore give me no counsel.
My griefs cry louder than advertisement.

ANTONIO

Therein do men from children nothing differ.

LEONATO

I pray thee peace. I will be flesh and blood—
For there was never yet philosopher
That could endure the toothache patiently,
However they have writ the style of gods,
And made a 'push' at chance and sufferance.

ANTONIO

Yet bend not all the harm upon yourself,
40 Make those that do offend you suffer too.

LEONATO

There thou speak'st reason, nay I will do so.
My soul doth tell me Hero is belied—

soient pareilles en chaque trait, chaque détail, aspect ou mode ; si cet homme sourit, se caresse la barbe, et — triste plaisantin ! — dit : « bah » lorsqu'il devrait gémir, s'il a recours à des proverbes pour rapetasser son affliction, s'il soûle son infortune avec des brûleurs de chandelles, ne manque pas de me l'amener pour qu'il m'enseigne la résignation. Mais pareil homme n'existe pas ; car les hommes, mon frère, peuvent donner des conseils et parler d'apaisement à une douleur qu'ils ne ressentent pas, mais lorsqu'elle les frappe, alors les conseils se muent en frénésie chez ceux qui prétendaient guérir la fureur par des préceptes, ligoter un fou furieux d'un fil de soie, conjurer le mal en soufflant dessus et l'angoisse par des mots. Non, non ! Tout le monde peut parler de patience à ceux qui se tordent sous le poids du chagrin, mais nul n'a la vertu ni la force de tant moraliser quand il souffre lui-même... Ainsi donc, plus de conseils : ma douleur crie plus haut que tes sermons !

ANTONIO

Sur ce point, les hommes ne diffèrent en rien des enfants.

LÉONATO

De grâce, tais-toi. Je veux être de chair et de sang. Jamais on n'a vu philosophe endurer avec patience le mal de dents, bien qu'ils vous prennent le langage des dieux pour faire la nique au malheur et à la souffrance.

ANTONIO

Du moins, ne portez pas tout le fardeau vous-même. Faites souffrir aussi ceux qui vous ont offensé.

LÉONATO

Là, tu parles raison. Oui, c'est ce que je veux faire. Mon âme me le dit, Héro fut calomniée. Cela, Claudio

274   MUCH ADO ABOUT NOTHING

And that shall Claudio know, so shall the prince,
And all of them that thus dishonour her.

Don Pedro and Claudio approach.

ANTONIO

Here comes the prince and Claudio hastily.

DON PEDRO

Good-den, good-den.

CLAUDIO

Good day to both of you.

[*they pass by.*

LEONATO

Hear you, my lords,—

DON PEDRO

We have some haste, Leonato.

LEONATO

Some haste, my lord! well, fare you well my lord.
Are you so hasty now? well, all is one.

DON PEDRO [*turns*].

50 Nay, do not quarrel with us, good old man.

ANTONIO

If he could right himself with quarreling,
Some of us would lie low.

CLAUDIO

Who wrongs him?

le saura, et le prince le saura, ainsi que tous ceux qui la déshonorent.

ANTONIO

Voici le prince et Claudio : ils semblent se hâter.

Entrent Claudio et Don Pédro.

DON PÉDRO

Bonsoir, bonsoir.

CLAUDIO

A tous les deux bonjour.

Ils passent.

LÉONATO

Un mot, messeigneurs.

DON PÉDRO

Nous sommes un peu pressés, Léonato.

LÉONATO

Un peu pressés, monseigneur ! Oh, alors, adieu, monseigneur. Etes-vous si pressé ? Soit, c'est tout un.

DON PÉDRO, *se retournant.*

Voyons, ne nous querellons pas, bon vieillard.

ANTONIO

S'il pouvait se faire justice par une querelle, j'en sais parmi nous qui mordraient la poussière.

CLAUDIO

Qui lui fait offense ?

LEONATO

Marry, thou dost wrong me, thou dissembler, thou...
Nay, never lay thy hand upon thy sword,
I fear thee not.

CLAUDIO

Marry, beshrew my hand,
If it should give your age such cause of fear.
In faith my hand meant nothing to my sword.

LEONATO

Tush, tush, man, never fleer and jest at me.
I speak not like a dotard nor a fool,
60 As under privilege of age to brag
What I have done being young, or what would do
Were I not old.   Know, Claudio, to thy head,
Thou hast so wronged mine innocent child and me,
That I am forced to lay my reverence by,
And with grey hairs and bruise of many days,
Do challenge thee to trial of a man.
I say thou hast belied mine innocent child,
Thy slander hath gone through and through her heart,
And she lies buried with her ancestors:
70 O in a tomb where never scandal slept,
Save this of hers, framed by thy villainy.

CLAUDIO

My villainy!

LEONATO

Thine Claudio, thine I say.

DON PEDRO

You say not right, old man.

LÉONATO

Morbleu, c'est toi qui m'offenses, hypocrite ! Toi-même... Ah, ne porte pas la main à ton épée, je n'ai pas peur de toi !

CLAUDIO

La peste ronge ma main si elle donne à votre grand âge un sujet de crainte ! En vérité, ma main n'avait pas affaire à mon épée.

LÉONATO

Tais-toi, jeune homme, garde tes ricanements et tes railleries. Je ne te parle pas en radoteur ou en sot, pour me targuer, sous le couvert de l'âge, de ce que j'ai fait étant jeune et de ce que je ferais si je n'étais pas vieux. Sache-le, Claudio, je te le dis en face, tu as fait si grand tort à mon innocente enfant et à moi-même que je suis contraint d'oublier mon âge vénérable ; oui, malgré mes cheveux blancs et les meurtrissures de tant d'années, je te provoque d'homme à homme. Je le proteste : tu as calomnié mon innocente enfant ; tes mensonges infamants lui ont percé le cœur de part en part, et elle gît auprès de ses ancêtres, hélas, dans une tombe où jamais ne dormit le déshonneur, hormis le sien, ourdi par ta perfidie.

CLAUDIO

Perfide, moi !

LÉONATO

Oui, toi, Claudio, toi, dis-je.

DON PÉDRO

Vous ne dites pas vrai, vieillard.

LEONATO

                My lord, my lord,
I'll prove it on his body if he dare—
Despite his nice fence and his active practice,
His May of youth and bloom of lustihood.

CLAUDIO

Away, I will not have to do with you.

LEONATO

Canst thou so daff me? Thou hast killed my child—
If thou kill'st me, boy, thou shalt kill a man.

ANTONIO

He shall kill two of us, and men indeed—
But that's no matter, let him kill one first...
      [*he comes between them, and draws his sword.*

Win me and wear me! Let him answer me.
Come follow me boy, come sir boy, come follow me.
Sir boy, I'll whip you from your foining fence—
Nay, as I am a gentleman, I will.

LEONATO

Brother—

ANTONIO

Content yourself, God knows I loved my niece,
And she is dead, slandered to death by villains,
That dare as well answer a man indeed
As I dare take a serpent by the tongue.
Boys, apes, braggarts, Jacks, milksops!

LEONATO

                Brother Antony—

LÉONATO

Monseigneur, monseigneur ! Qu'il accepte le combat et je le prouverai sur son corps, en dépit de sa fine escrime et de son entraînement assidu, en dépit de sa printanière jeunesse et de sa vigueur épanouie !

CLAUDIO

Écartez-vous ! Je ne veux pas avoir affaire à vous.

LÉONATO

Peux-tu me repousser ainsi ? Tu as tué mon enfant : si tu me tues, gamin, c'est un homme que tu auras tué.

ANTONIO

Il en tuera deux, deux vrais hommes ! Mais, n'importe, qu'il en tue un d'abord.

Il s'interpose et tire son épée.

Voulez-vous en tâter ? Allons, faites-moi raison. Venez, monsieur le blanc-bec, suivez-moi ! Mon petit monsieur, je vous rosserai en dépit de vos bottes savantes, oui je le ferai, foi de gentilhomme !

LÉONATO

Mon frère !...

ANTONIO

Laissez-moi. Dieu sait combien j'aimais ma nièce ; et elle est morte, assassinée par les calomnies de misérables aussi empressés à croiser le fer que je le serais à saisir un serpent par la langue. Freluquets, sagouins, matamores, jean-foutres, poules mouillées !...

LÉONATO

Antonio, mon frère !...

280   MUCH ADO ABOUT NOTHING

ANTONIO

Hold you content.   What, man! I know them, yea,
And what they weigh, even to the utmost scruple—
Scambling, out-facing, fashion-monging boys,
That lie, and cog, and flout, deprave, and slander,
Go anticly, and show outward hideousness,
And speak off half a dozen dang'rous words,
How they might hurt their enemies, if they durst,
And this is all.

LEONATO

100 But brother Antony—

ANTONIO

Come, 'tis no matter—
Do not you meddle, let me deal in this.

DON PEDRO

Gentlemen both, we will not wake your patience
My heart is sorry for your daughter's death:
But on my honour she was charged with nothing
But what was true, and very full of proof.

LEONATO

My lord, my lord,—

DON PEDRO

I will not hear you.

LEONATO

No?
Come brother, away. † [I will be heard.

ANTONIO

Laissez-moi, vous dis-je ! Eh ! mon ami, je les connais, et je les ai pesés à une once près, ces gens-là. Des gandins tapageurs, des effrontés, des petits-maîtres qui mentent, flagornent, persiflent, souillent et calomnient, promènent un accoutrement grotesque, et prennent des airs horrifiques pour proclamer dans une demi-douzaine de mots terribles comment ils pourfendraient leurs ennemis s'ils l'osaient, voilà tout !

LÉONATO

Mais, mon frère Antonio...

ANTONIO

Non, l'affaire me regarde, ne vous en mêlez pas, laissez-moi agir seul.

DON PÉDRO

Messieurs, nous ne voulons pas lasser votre patience. Mon cœur est affligé par la mort de votre fille, mais sur mon honneur, elle n'a été accusée de rien qui ne fût vrai et pleinement prouvé.

LÉONATO

Monseigneur, monseigneur...

DON PÉDRO

Je ne veux pas vous entendre.

LÉONATO

Vraiment ? Venez, frère, partons. [Je réussirai à me faire entendre[47].

† ANTONIO

And shall, or some of us will smart for it.]

[Leonato and Antonio enter the house. Benedick comes up.

DON PEDRO

See, see, here comes the man we went to seek.

CLAUDIO

Now signior, what news?

BENEDICK

Good day, my lord.

DON PEDRO

Welcome, signior, you are almost come to part almost a fray.

CLAUDIO

We had liked to have had our two snapped off with two old men without teeth.

DON PEDRO

Leonato and his brother. What think'st thou? Had we fought I doubt we should have been too young for them.

BENEDICK

In a false quarrel there is no true valour. I came to seek you both.

ANTONIO

Et l'on vous entendra, ou il en cuira à certains que je sais.]

*Léonato et Antonio entrent dans la maison.
Paraît Bénédict.*

DON PÉDRO

Tenez, tenez, voici l'homme que nous cherchions.

CLAUDIO

Eh bien, signor, quelles nouvelles ?

BÉNÉDICT

Bonjour, monseigneur.

DON PÉDRO

Soyez le bienvenu, signor : vous êtes arrivé presque à temps pour arrêter une presque bataille.

CLAUDIO

Nous avons failli nous faire arracher le nez par deux vieillards édentés.

DON PÉDRO

Par Léonato et son frère ! Qu'en penses-tu ? Si nous nous étions battus, je ne crois pas que nous aurions été trop jeunes pour eux.

BÉNÉDICT

Dans une cause qui ne tient pas debout, il n'y a pas de valeur qui tienne. J'étais à votre recherche, à tous les deux.

CLAUDIO

We have been up and down to seek thee, for we are highproof melancholy, and would fain have it beaten away. Wilt thou use thy wit?

BENEDICK

It is in my scabbard—shall I draw it?

DON PEDRO

Dost thou wear thy wit by thy side?

CLAUDIO

Never any did so, though very many have been beside their wit. I will bid thee draw, as we do the minestrels—draw to pleasure us.

DON PEDRO

As I am an honest man he looks pale. Art thou sick, or angry?

CLAUDIO

What, courage, man: what though care killed a cat, thou hast mettle enough in thee to kill care.

BENEDICK

Sir, I shall meet your wit in the career, an you charge it against me. I pray you choose another subject.

CLAUDIO

Nay then, give him another staff—this last was broke cross.

CLAUDIO

Tandis que nous te cherchions nous-mêmes de tous côtés, car nous sommes plongés dans une invincible mélancolie et nous avons hâte d'en sortir. Veux-tu nous y aider de ton esprit ?

BÉNÉDICT

Il est dans mon fourreau : dois-je l'en tirer ?

DON PÉDRO

Est-ce à ton côté que tu portes ton esprit ?

CLAUDIO

Personne ne l'a jamais fait, bien qu'on en voie beaucoup qui ont de l'esprit à côté. Je t'en prie, tire-le pour nous divertir, comme nous disons de leur archet aux ménestrels.

DON PÉDRO

Foi d'honnête homme, il a pâli. Es-tu malade ou en colère ?

CLAUDIO

Allons l'ami, du courage ! Je sais qu'on dit : « Le souci a tué le chat », mais tu as assez de nerf pour tuer le souci.

BÉNÉDICT

Monsieur, je soutiendrai le choc de votre esprit dans la lice si vous le lancez contre moi. Je vous en prie, changeons de sujet.

CLAUDIO

Soit, qu'on lui donne une autre lance : la sienne s'est rompue tout net.

DON PEDRO

By this light, he changes more and more. I think he be angry indeed.

CLAUDIO

If he be, he knows how to turn his girdle.

BENEDICK

Shall I speak a word in your ear?

CLAUDIO

God bless me from a challenge!

(BENEDICK

You are a villain—I jest not—I will make it good how you dare, with what you dare, and when you dare: do me right, or I will protest your cowardice: you have killed a sweet lady, and her death shall fall heavy on you. [*aloud*] Let me hear from you.

CLAUDIO

Well, I will meet you, so I may have good cheer.

DON PEDRO

What, a feast, a feast?

CLAUDIO

I'faith, I thank him, he hath bid me to a calf's-head and a capon, the which if I do not carve most curiously, say my knife's naught. Shall I not find a woodcock too?

DON PÉDRO

Jour de Dieu, son visage s'altère de plus en plus. Je crois qu'il est vraiment furieux.

CLAUDIO

S'il l'est, il n'a qu'à jeter le gant.

BÉNÉDICT

Puis-je vous dire un mot à l'oreille ?

CLAUDIO

Dieu me préserve d'un cartel !

(BÉNÉDICT

Vous êtes un misérable. Je ne plaisante pas. Je vous en donnerai raison comme vous voudrez, à l'arme que vous voudrez, et quand vous voudrez. Donnez-moi satisfaction, sinon je proclamerai que vous êtes un lâche. Vous avez tué une exquise demoiselle et sa mort retombera lourdement sur votre tête. (*Haut*) J'attends de vos nouvelles.

CLAUDIO

C'est bien. Comptez sur moi, nous mènerons grand' liesse.

DON PÉDRO

Quoi ? Un festin, un festin ?

CLAUDIO

Ma foi, je le remercie. Il vient de me convier à goûter d'une tête de veau et d'un chapon. Si je ne les découpe pas à la perfection, qu'on dise que mon couteau ne vaut rien. Ne trouverai-je pas aussi une bécasse ?

BENEDICK

Sir, your wit ambles well—it goes easily.

DON PEDRO

I'll tell thee how Beatrice praised thy wit the other day... I said, thou hadst a fine wit. 'True,' said she, 'a fine little one': 'No,' said I, 'a great wit': 'Right,' says she, 'a great gross one': 'Nay,' said I, 'a good wit': 'Just,' said she, 'it hurts nobody': 'Nay,' said I, 'the gentleman is wise': 'Certain,' said she, 'a wise gentleman': 'Nay,' said I, 'he hath the tongues': 'That I believe,' said she, 'for he swore a thing to me on Monday night, which he forswore on Tuesday morning—there's a double tongue, there's two tongues.' Thus did she an hour together trans-shape thy particular virtues—yet at last she concluded with a sigh, thou wast the proper'st man in Italy.

CLAUDIO

For the which she wept heartily and said she cared not.

DON PEDRO

Yea, that she did—but yet, for all that, an if she did not hate him deadly, she would love him dearly. The old man's daughter told us all.

CLAUDIO

All, all—and moreover, God saw him when he was hid in the garden.

DON PEDRO

But when shall we set the savage bull's horns on the sensible Benedick's head?

BÉNÉDICT

Monsieur, votre esprit va l'amble, il ne se fatigue guère.

DON PÉDRO

Je veux te conter comment Béatrice louait ton esprit l'autre jour. Je disais que tu avais l'esprit fin. « C'est vrai, a-t-elle répondu, il l'a minuscule. » — « Non, repris-je, je veux dire, un grand esprit. » — « Exact, dit-elle, un grand, gros esprit. » — « Point, dis-je, un bon esprit. » — « Très juste, dit-elle, il ne fait de mal à personne. » — « C'est un esprit réfléchi. » — « Exactement, dit-elle, c'est le reflet d'un esprit. » — « En outre, il possède plusieurs langues. » — « Ça, je le crois, dit-elle, car il m'a juré lundi soir une chose qu'il m'a démentie mardi matin. Ce qui montre qu'il a la langue double, autrement dit deux paroles. » C'est ainsi qu'une heure durant, elle a pris à rebours tes qualités... et pourtant, elle a fini par conclure avec un soupir que tu étais l'homme le plus accompli d'Italie.

CLAUDIO

Ce dont elle pleura de tout son cœur en disant que cela lui était bien égal !

DON PÉDRO

Oui, ainsi a-t-elle fait, mais cela n'empêche que, si elle ne le haïssait pas mortellement, elle l'aimerait tendrement. La fille du vieillard nous a tout dit.

CLAUDIO

Tout, tout... Sans compter que Dieu le vit lorsqu'il était caché dans le jardin [48].

DON PEDRO

Mais quand planterons-nous les cornes du taureau enragé sur la tête du raisonnable Bénédict ?

CLAUDIO

Yea, and text underneath, 'Here dwells Benedick the married man'?

BENEDICK

Fare you well, boy—you know my mind. I will leave you now to your gossip-like humour. You break jests as braggarts do their blades, which God be thanked hurt not... My lord, for your many courtesies I thank you. I must discontinue your company—your brother the bastard is fled from Messina: you have among you killed a sweet and innocent lady: for my Lord Lack-beard, there, he and I shall meet, and till then peace be with him.

[*he passes on.*

DON PEDRO

He is in earnest.

CLAUDIO

In most profound earnest, and I'll warrant you, for the love of Beatrice.

DON PEDRO

And hath challenged thee?

CLAUDIO

Most sincerely.

DON PEDRO

What a pretty thing man is, when he goes in his doublet and hose and leaves off his wit!

CLAUDIO

Oui, et avec au-dessous, en lettres majuscules : « Ici loge Bénédict l'homme marié » ?

BÉNÉDICT

Adieu, gamin. Vous savez mes intentions. Je vous laisse à votre humeur babillarde. Vos railleries sont comme les coups d'épées des bravaches, elles font — Dieu merci ! — plus de bruit que de mal... Monseigneur, je vous remercie de toutes vos courtoisies, mais je dois renoncer à vous accompagner. Votre frère le bâtard s'est enfui de Messine. Vous avez, à vous trois, tué une douce et innocente dame. Quant à Monsieur le Blanc-Bec que voici, nous nous reverrons, lui et moi. D'ici là, la paix soit avec lui !

Il passe son chemin.

DON PÉDRO

Il parle sérieusement.

CLAUDIO

On ne peut plus sérieusement, et je jurerais que c'est pour l'amour de Béatrice.

DON PÉDRO

Et il t'a provoqué.

CLAUDIO

Sans ambages.

DON PÉDRO

Quelle charmante créature que l'homme lorsqu'il sort en pourpoint et haut-de-chausses en laissant chez lui son bon sens !

CLAUDIO

He is then a giant to an ape, but then is an ape a doctor to such a man.

DON PEDRO

But soft you, let me be—pluck up, my heart, and be sad—did he not say my brother was fled?

Dogberry, Verges and the Watch approach, with Conrade and Borachio in custody.

DOGBERRY

Come you sir, if justice cannot tame you, she shall ne'er weigh more reasons in her balance. Nay, an you 200 be a cursing hypocrite once, you must be looked to.

DON PEDRO

How now, two of my brother's men bound? Borachio, one?

CLAUDIO

Hearken after their offence, my lord.

DON PEDRO

Officers, what offence have these men done?

DOGBERRY

Marry sir, they have committed false report —moreover, they have spoken untruths—secondarily, they are slanders—sixth and lastly, they have belied a lady—thirdly, they have verified unjust things—and to conclude, they are lying knaves.

CLAUDIO

Il peut passer pour un géant aux yeux d'un singe, mais un singe n'est-il pas un docteur comparé à un tel homme ?

DON PÉDRO

Doucement, que je réfléchisse — reprends-toi, mon cœur, et sois grave — n'a-t-il pas dit que mon frère était en fuite ?

Entre Cornouille, Verjus, et le guet, conduisant leurs prisonniers, Conrad et Borachio.

CORNOUILLE

Avancez, monsieur. Si la justice ne vous mate pas, elle ne pourra plus peser de raisins[49] dans sa balance. Vous avez fait des jurons hypocrites, il va falloir qu'on ait l'œil sur vous.

DON PÉDRO

Qu'est-ce à dire ? Deux des gens de mon frère prisonniers ? Et Borachio l'un des deux ?

CLAUDIO

Informez-vous de leur délit, monseigneur.

DON PÉDRO

Officiers, quel délit ont commis ces hommes ?

CORNOUILLE

Ma foi, monsieur, ils ont commis de faux rapports ; en outre, ils ont dit des mensonges — secondairement, ils sont des diffamateurs — enfin et sixièmement, ils ont calomnié une dame — troisièmement, ils ont vérifié des impostures — et pour conclure ce sont des sacripants de menteurs.

DON PEDRO

210 First, I ask thee what they have done—thirdly, I ask thee what's their offence—sixth and lastly, why they are committed—and to conclude, what you lay to their charge.

CLAUDIO

Rightly reasoned, and in his own division—and by my troth there's one meaning well suited.

DON PEDRO

Who have you offended, masters, that you are thus bound to your answer? this learned constable is too cunning to be understood. What's your offence?

BORACHIO

Sweet prince, let me go no farther to mine answer:
220 do you hear me, and let this count kill me... I have deceived even your very eyes: what your wisdoms could not discover, these shallow fools have brought to light—who in the night overheard me confessing to this man how Don John your brother incensed me to slander the Lady Hero, how you were brought into the orchard and saw me court Margaret in Hero's garments, how you disgraced her when you should marry her... My villainy they have upon record, which I had rather seal with my death than repeat over to my
230 shame... The lady is dead upon mine and my master's false accusation: and briefly, I desire nothing but the reward of a villain.

DON PEDRO

Runs not this speech like iron through your blood?

DON PÉDRO

Primo, je te demande ce qu'ils ont fait — troisièmement, je te demande quel est leur crime — enfin et sixièmement, pourquoi ils sont arrêtés — et pour conclure, de quoi tu les accuses.

CLAUDIO

Excellent raisonnement et conforme à ses propres règles. Ma foi, cette unique idée est richement accoutrée !

DON PÉDRO

Qui avez-vous donc offensé, mes maîtres, et de quoi êtes-vous contraints de répondre ? Ce savant constable est trop subtil pour qu'on le comprenne. Quel est votre délit ?

BORACHIO

Doux prince, je ne vous ferai point attendre ma réponse : entendez-moi et que le comte me tue. J'ai trompé jusqu'à vos yeux mêmes ; ce que votre sagesse n'a pu découvrir, ces buses sans cervelle l'ont mis à jour : ils m'ont, dans la nuit, entendu avouer à cet homme que Don Juan, votre frère, m'avait incité à calomnier Madame Héro, que vous aviez été attirés dans le jardin où vous m'aviez vu courtiser Marguerite sous les vêtements de Héro, et que vous, comte, l'aviez flétrie alors que vous auriez dû l'épouser... Ils ont dressé de ma félonie un procès-verbal que j'aimerais mieux sceller de mon sang que répéter à ma honte... La dame est morte, tuée par la fausse accusation de mon maître et la mienne. Bref, je ne demande que le salaire d'un scélérat.

DON PÉDRO

Ce discours ne traverse-t-il pas vos veines comme une lame ?

CLAUDIO

I have drunk poison whiles he uttered it.

DON PEDRO

But did my brother set thee on to this?

BORACHIO

Yea, and paid me richly for the practice of it.

DON PEDRO

He is composed and framed of treachery,
And fled he is upon this villainy.

CLAUDIO

Sweet Hero, now thy image doth appear
240 In the rare semblance that I loved it first.

DOGBERRY

Come, bring away the plaintiffs. By this time our sexton hath reformed Signior Leonato of the matter... And masters, do not forget to specify, when time and place shall serve, that I am an ass.

VERGES

Here, here comes Master Signior Leonato, and the sexton too.

Leonato and Antonio come from the house, with the Sexton.

LEONATO

Which is the villain? Let me see his eyes,
That when I note another man like him,
I may avoid him: which of these is he?

CLAUDIO

En l'écoutant je buvais du poison.

DON PÉDRO

Est-ce bien mon frère qui t'a poussé à cela ?

BORACHIO

Oui, et il m'a payé généreusement pour ma peine.

DON PÉDRO

Il est pétri de traîtrise et il a fui après cette scélératesse.

CLAUDIO

Douce Héro, voici que ton image m'apparaît de nouveau sous l'incomparable aspect qui me fit tout d'abord l'aimer.

CORNOUILLE

Allons, emmenez les plaignants ! A l'heure qu'il est, notre sacristain a réformé de la chose le signor Léonato... Et n'oubliez pas, mes maîtres, de spécifier en temps et lieu que je suis un âne.

VERJUS

Voici venir maître signor Léonato, et le sacristain aussi.

Entrent Léonato et Antonio avec le sacristain.

LÉONATO

Lequel est le misérable ? Je veux voir ses yeux ; afin, quand j'apercevrai un homme qui lui ressemble, de pouvoir l'éviter. Lequel est-ce ?

BORACHIO

250 If you would know your wronger, look on me.

LEONATO

Art thou the slave that with thy breath hast killed
Mine innocent child?

BORACHIO

Yea, even I alone.

LEONATO

No, not so villain, thou beliest thyself,
Here stand a pair of honourable men,
A third is fled that had a hand in it...
I thank you, princes, for my daughter's death,
Record it with your high and worthy deeds,
'Twas bravely done, if you bethink you of it.

CLAUDIO

I know not how to pray your patience,
260 Yet I must speak.   Choose your revenge yourself
Impose me to what penance your invention
Can lay upon my sin—yet sinned I not,
But in mistaking.

DON PEDRO

By my soul nor I,
And yet to satisfy this good old man,
I would bend under any heavy weight
That he'll enjoin me to.

LEONATO

I cannot bid you bid my daughter live—
That were impossible—but I pray you both,

BORACHIO

Si vous voulez connaître celui qui vous a fait du mal, c'est moi.

LÉONATO

Es-tu le scélérat dont le souffle a tué mon innocente enfant ?

BORACHIO

Oui, c'est moi seul.

LÉONATO

Non, non, tu te calomnies, vilain ! Voici deux hommes honorables — un troisième a pris la fuite — qui ont trempé dans ce forfait... Je vous remercie, princes, d'avoir tué ma fille. Notez-le parmi vos hauts faits de gloire, ce fut une action valeureuse, si vous y songez bien.

CLAUDIO

Je ne sais comment solliciter votre patience, et pourtant il me faut parler. Choisissez vous-même votre vengeance : infligez-moi le châtiment que vous aurez imaginé en expiation de mon péché... et cependant je n'ai péché que par méprise.

DON PÉDRO

Moi de même, sur mon âme ! Mais pour satisfaire ce digne vieillard, je suis prêt à plier sous le plus lourd fardeau qu'il lui plaira de m'imposer.

LÉONATO

Je ne puis vous dire : dites à ma fille de revivre, ce serait demander l'impossible. Mais je vous demande à

Possess the people in Messina here
How innocent she died, and if your love
Can labour aught in sad invention,
Hang her an epitaph upon her tomb,
And sing it to her bones—sing it to-night:
To-morrow morning come you to my house,
And since you could not be my son-in-law,
Be yet my nephew: my brother hath a daughter,
Almost the copy of my child that's dead,
And she alone is heir to both of us—
Give her the right you should have giv'n her cousin,
And so dies my revenge.

CLAUDIO

O noble sir!
Your over-kindness doth wring tears from me.
I do embrace your offer, and dispose
For henceforth of poor Claudio.

LEONATO

To-morrow then I will expect your coming,
To-night I take my leave. This naughty man
Shall face to face be brought to Margaret,
Who I believe was packed in all this wrong,
Hired to it by your brother.

BORACHIO

No, by my soul she was not,
Nor knew not what she did when she spoke to me,
But always hath been just and virtuous
In anything that I do know by her.

DOGBERRY

Moreover, sir—which indeed is not under white and black—this plaintiff here, the offender, did call me ass. I beseech you let it be remembered in his

tous deux de faire savoir aux gens de Messine qu'elle est morte innocente ; et si votre amour peut vous inspirer quelques accents mélancoliques, suspendez à son tombeau une épitaphe et chantez-la sur sa dépouille... chantez-la dès ce soir. Demain matin, venez me voir chez moi, et puisque vous n'avez pu devenir mon gendre, soyez du moins mon neveu. Mon frère a une fille qui est presque le portrait de mon enfant morte, et qui est notre unique héritière à tous deux... Donnez-lui le titre que vous auriez donné à sa cousine et ma vengeance mourra.

CLAUDIO

O noble seigneur ! Votre extrême bonté m'arrache des larmes. J'accepte votre offre avec ferveur, et je vous prie désormais de disposer du triste Claudio.

LÉONATO

J'attends donc demain votre venue. Adieu pour ce soir. Ce méchant homme sera confronté avec Marguerite qui, je le crois, a trempé dans toute cette noirceur, soudoyée par votre frère.

BORACHIO

Non, sur mon âme, non, ni ne savait-elle ce qu'elle faisait lorsqu'elle m'a parlé : je l'ai toujours connue loyale et vertueuse en toutes choses que je sais d'elle.

CORNOUILLE

En outre, monsieur — quoique la chose n'ait pas été mise en noir sur blanc — ce plaignant-ci, le coupable, m'a traité d'âne. Je vous en prie, souvenez-vous-en

punishment. And also the watch heard them talk of one Deformed—they say he wears a key in his ear and a lock hanging by it, and borrows money in God's name, the which he hath used so long and never paid, that now men grow hard-hearted and will lend nothing for God's sake... Pray you examine him upon that point.

LEONATO

I thank thee for thy care and honest pains.

DOGBERRY

Your worship speaks like a most thankful and reverend youth, and I praise God for you.

LEONATO

There's for thy pains.

DOGBERRY

God save the foundation!

LEONATO

Go, I discharge thee of thy prisoner, and I thank thee.

DOGBERRY

I leave an arrant knave with your worship, which I beseech your worship to correct yourself, for the example of others... God keep your worship, I wish your worship well, God restore you to health, I

quand vous le punirez. Et puis, le guet les a entendus parler d'un certain Deforme, ils ont dit qu'il porte à l'oreille une clef pendue à une serrure et qu'il emprunte de l'argent au nom de Dieu — ce qu'il a fait depuis si longtemps sans jamais rien rendre, que maintenant les gens s'endurcissent et ne veulent plus rien prêter pour l'amour de Dieu ; s'il vout plaît, interrogez-le sur ce point.

LÉONATO

Je te remercie de ta peine et de tes honnêtes services.

CORNOUILLE

Votre Honneur parle comme un très reconnaissant et très respectueux jeune homme et je bénis Dieu pour vous.

LÉONATO

Voici pour tes peines.

CORNOUILLE

Dieu bénisse les fondateurs [50] !

LÉONATO

Va, je prends ton prisonnier en charge et je te remercie.

CORNOUILLE

Je laisse une fieffée canaille avec Votre Seigneurie, que je supplie Votre Seigneurie de corriger pour que ça serve d'exemple aux autres... Dieu garde Votre Seigneurie, je souhaite beaucoup de bien à Votre Seigneurie, que Dieu vous restaure la santé, je vous donne

humbley give your leave to depart—and if a merry meeting may be wished, God prohibit it... Come neighbour.

[Dogberry and Verges depart.

LEONATO

Until to-morrow morning, lords, farewell.

ANTONIO

Farewell my lords, we look for you to-morrow.

DON PEDRO

We will not fail.

CLAUDIO

To-night I'll mourn with Hero.
[Don Pedro and Claudio walk sadly away.

LEONATO

Bring you these fellows on. We'll talk with Margaret,
How her acquaintance grew with this lewd fellow.

Leonato and Antonio go within, followed by the Sexton, the Watch and the prisoners.

[V, 2.]

BENEDICK *and* MARGARET *come up the street.*

BENEDICK

Pray thee sweet Mistress Margaret, deserve well at my hands, by helping me to the speech of Beatrice.

humblement licence de partir et s'il nous est permis d'espérer une joyeuse réunion, que Dieu la prohibe !... Venez, voisin.

Sortent Cornouille et Verjus.

LÉONATO

Jusqu'à demain matin, Messeigneurs, adieu !

ANTONIO

Adieu, Messeigneurs, nous comptons sur vous demain.

DON PÉDRO

Nous n'y manquerons pas.

CLAUDIO

Ce soir, j'irai pleurer auprès d'Héro.

Don Pédro et Claudio s'éloignent tristement.

LÉONATO

Emmenez ces individus. Nous allons parler à Marguerite et apprendre comment elle a connu cet impudique gredin.

Sortent Léonato et Antonio, suivis du guet et des prisonniers.

SCÈNE II

Entrent BÉNÉDICT *et* MARGUERITE.

BÉNÉDICT

Je t'en prie, douce Dame Marguerite, mérite bien de moi en me ménageant un entretien avec Béatrice.

MARGARET

Will you then write me a sonnet in praise of my beauty?

BENEDICK

In so high a style, Margaret, that no man living shall come over it, for in most comely truth thou deservest it.

MARGARET

To have no man come over me? why, shall I always keep below stairs?

BENEDICK

Thy wit is as quick as the greyhound's mouth, it catches.

MARGARET

And yours—as blunt as the fencer's foils, which hit, but hurt not.

BENEDICK

A most manly wit Margaret, it will not hurt a woman... and so I pray the call Beatrice—I give thee the bucklers.

MARGARET

Give us the swords, we have bucklers of our own.

BENEDICK

If you use them, Margaret, you must put in the pikes with a vice—and they are dangerous weapons for maids.

MARGUERITE

Écrirez-vous, si je le fais, un sonnet à la louange de ma beauté ?

BÉNÉDICT

Dans un style si élevé, Marguerite, que nul homme vivant ne pourra le surpasser ; car à vrai dire, tu le mérites.

MARGUERITE

Quoi, nul homme ne passera sur moi ! Devrai-je donc demeurer toujours dans l'antichambre ?

BÉNÉDICT

Ton esprit est aussi prompt que la gueule du lévrier, il happe.

MARGUERITE

Et le vôtre est aussi émoussé qu'un fleuret qui touche sans blesser.

BÉNÉDICT

C'est un véritable esprit d'homme, Marguerite : il ne saurait blesser une femme... donc, je t'en prie, appelle Béatrice : je te rends mon bouclier.

MARGUERITE

Rendez-nous les épées : nous avons nos propres boucliers.

BÉNÉDICT

Si vous vous en servez, Marguerite, vous devrez bien visser la pointe[51]. C'est une arme dangereuse pour les pucelles.

MARGARET

Well, I will call Beatrice to you, who I think hath legs.

[*Margaret enters the house.*

BENEDICK

And therefore will come...

[*sings*].

The god of love,
That sits above,
And knows me, and knows me,
How pitiful I deserve...

I mean in singing. But in loving—Leander the good swimmer, Troilus the first employer of pandars, and a whole book full of these quondam carpet mongers, whose names yet run smoothly in the even road of a blank verse, why, they were never so truly turned over and over as my poor self, in love... Marry, I cannot show it in rhyme—I have tried. Il can find out no rhyme to 'lady' but 'baby', an innocent rhyme; for 'scorn,' 'horn,' a hard rhyme: for 'school,' 'fool,' a babbling rhyme... very ominous endings. No, I was not born under a rhyming planet, nor I cannot woo in festival terms...

Beatrice comes forth.

Sweet Beatrice, wouldst thou come when I called thee?

BEATRICE

Yea signior, and depart when you bid me.

BENEDICK

O stay but till then.

MARGUERITE

Allons, je vais vous appeler Béatrice qui, je crois, a des jambes.

Marguerite entre dans la maison.

BÉNÉDICT

Et qui, par conséquent, viendra.

Il chante.

Le dieu d'amour
Du céleste séjour,
Me voit, me voit,
Et prend pitié de moi.

Je veux dire : quand je chante ; car, pour ce qui est d'aimer, jamais Léandre le bon nageur, ni Troïlus qui le premier fit usage d'un Pandare, ni toute la séquelle de ces ci-devant héros de boudoir dont les noms glissent sans heurts sur la route unie du vers blanc, ne furent tourneboulés par l'amour aussi radicalement que ma pauvre personne. Eh bien, morbleu, je ne parviens pas à l'exprimer en vers. J'ai essayé : je ne trouve d'autre rime à « beauté » que « bébé », rime innocente ! à « regard » que « cornard », rime sans pitié ! à « école » que « folle » rime divagante ; fins de vers de mauvais augure ! Non, je ne suis pas né sous une rimailleuse étoile, et je ne sais pas faire ma cour en mots d'apparat.

Entre Béatrice.

Douce Béatrice, tu consens à venir quand je t'appelle ?

BÉATRICE

Oui, Signor, et à partir quand vous me l'ordonnerez.

BÉNÉDICT

Oh, reste seulement jusque-là !

BEATRICE

'Then' is spoken: fare you well now—and yet, ere I go, let me go with that I came for, which is, with knowing what hath passed between you and Claudio.

BENEDICK

Only foul words—and thereupon I will kiss thee.

BEATRICE

Foul words is but foul wind, and foul wind is but foul breath, and foul breath is noisome—therefore I will depart unkissed.

BENEDICK

Thou hast frighted the word out of his right sense, so forcible is thy wit. But I must tell thee plainly, Claudio undergoes my challenge, and either I must shortly hear from him, or I will subscribe him a coward. And I pray thee now tell me, for which of my bad parts didst thou first fall in love with me?

BEATRICE

For them all together, which maintain so politic a state of evil that they will not admit any good part to intermingle with them... But for which of my good parts did you first suffer love for me?

BENEDICK

'Suffer love!' a good epithet. I do suffer love indeed, for I love thee against my will.

BÉATRICE

Ce « là », vous l'avez prononcé : adieu donc ! Et pourtant, avant que je parte, donnez-moi ce que je suis venue chercher ; dites-moi, je veux le savoir, quels propos vous et Claudio avez échangés.

BÉNÉDICT

Ce ne furent que paroles amères... et là-dessus je vais te donner un baiser.

BÉATRICE

Les mots amers ne sont que souffle amer et souffle amer n'est que bouche amère, or une bouche amère est repoussante : je partirai donc sans votre baiser.

BÉNÉDICT

Tu fais fuir le mot hors de son sens par la fougue de ton esprit. Mais parlons net : Claudio a reçu mon défi et ou bien je recevrai d'ici peu de ses nouvelles, ou bien je proclamerai que c'est un lâche. Et maintenant dis-moi, je te prie, pour lequel de mes défauts es-tu tombée amoureuse de moi ?

BÉATRICE

Pour tous à la fois : ils forment un État de disgrâce si bien gouverné qu'ils ne permettent à aucune bonne qualité de se mêler à eux. Mais vous, pour laquelle de mes qualités avez-vous d'abord souffert l'amour pour moi ?

BÉNÉDICT

« Souffert l'amour » ! Excellente expression. C'est un amour que je souffre en vérité, car je t'aime en dépit de ma volonté.

BEATRICE

In spite of your heart, I think. Alas, poor heart, if you spite it for my sake, I will spite it for yours, for I will never love that which my friend hates.

BENEDICK

Thou and I are too wise to woo peaceably.

BEATRICE

It appears not in this confession—there's not one wise man among twenty that will praise himself.

BENEDICK

An old, an old instance, Beatrice, that lived in the time of good neighbours. If a man do not erect in this age his own tomb ere he dies, he shall live no longer in monument than the bell rings and the window weeps.

BEATRICE

And how long is that, think you?

BENEDICK

Question! Why, an hour in clamour and a quartier in rheum. Therefore is it most expedient for the wise—if Don Worm, his conscience, find no impediment to the contrary—to be the trumpet of his own virtues, as I am to myself. So much for praising myself, who, I myself will bear witness, is praiseworthy. And now tell me, how doth your cousin?

BÉATRICE

En dépit de votre cœur, je pense. Hélas, pauvre cœur, si vous le dépitez pour l'amour de moi, je le dépiterai pour l'amour de vous, car jamais je n'aimerai ce que hait mon ami !

BÉNÉDICT

Toi et moi, nous avons trop d'esprit pour nous aimer tranquillement !

BÉATRICE

Il n'y paraît guère à cet aveu. Pas un homme d'esprit sur vingt qui fasse son propre éloge.

BÉNÉDICT

Vieil, vieil adage, Béatrice, qui date de l'époque des bons voisins [52]. Par le temps qui court, si un homme n'érige pas son propre tombeau avant de mourir, son souvenir n'aura pas de monument plus durable que le tintement du glas et les pleurs de sa veuve.

BÉATRICE

Et combien de temps cela fait-il, selon vous ?

BÉNÉDICT

Ah voilà ! Une heure à clamer et un quart d'heure à renifler. Il est donc fort expédient que l'homme d'esprit — si Monsieur le Ver Rongeur de sa conscience n'y trouve rien à redire — se fasse comme moi le héraut de ses propres mérites. En voilà assez sur cet éloge de moi-même par moi-même, qui, je me rends ce témoignage, est lui-même digne d'éloge. Et maintenant, dites-moi comment va votre cousine ?

BEATRICE

Very ill.

BENEDICK

And how do you?

BEATRICE

Very ill too.

BENEDICK

Serve God, love me, and mend. There will I leave you too, for here comes one in haste.

Ursula runs forth.

URSULA

Madam, you must come to your uncle—yonder's old coil at home. It is proved my Lady Hero hath been falsely accused, the prince and Claudio mightily abused, and Don John is the author of all, who is fled
90 and gone...
Will you come presently?

BEATRICE

Will you go hear this news, signior?

BENEDICK

I will live in thy heart, die in thy lap, and be buried in thy eyes: and moreover, I will go with thee to thy uncle's.

[*they go within.*

BÉATRICE

Très mal.

BÉNÉDICT

Et comment allez-vous ?

BÉATRICE

Très mal aussi.

BÉNÉDICT

Servez Dieu, aimez-moi et vous irez mieux. Là-dessus je vous quitte, je vois venir quelqu'un de fort pressé.

Ursule entre en courant.

URSULE

Madame, il vous faut venir auprès de votre oncle, car c'est un beau charivari à la maison. Il est prouvé que Madame Héro a été faussement accusée, le prince et Claudio gravement abusés, et que le coupable de tout est don Juan, qui a pris la fuite... Voulez-vous venir sans retard ?

BÉATRICE

Venez-vous entendre ces nouvelles, signor ?

BÉNÉDICT

Je veux vivre dans ton cœur, mourir sur ton giron, et être enseveli dans tes yeux : et, par-dessus le marché, je veux bien t'accompagner chez ton oncle.

Ils entrent dans la maison.

[V, 3.]

A church-yard; before a sepulchre.   Night.

DON PEDRO, CLAUDIO *and other lords approach with tapers, followed by* BALTHAZAR *and musicians.*

CLAUDIO

Is this the monument of Leonato?

A LORD

It is, my lord.

CLAUDIO [*reads from a scroll*].

Done to death by slanderous tongues
Was the Hero that here lies:
Death, in guerdon of ther wrongs,
Gives her fame which never dies:
So the life that died with shame,
Lives in death with glorious fame...

[*affixing it.*

Hang thou there upon the tomb,
Praising her when I am dumb.
Now, music, sound, and sing your solemn hymn.

Balthazar sings.

Pardon, goddess of the night,
Those that slew thy virgin knight,
For the which, with songs of woe,
Round about her tomb they go:
    Midnight, assist our moan,
    Help us to sigh and groan,
        Heavily, heavily.

SCÈNE III

Un cimetière, devant un sépulcre, la nuit.

Entrent DON PÉDRO, CLAUDIO *et d'autres seigneurs, portant des cierges, puis* BALTHAZAR *et des musiciens.*

CLAUDIO

Est-ce là le tombeau des Léonato ?

UN SEIGNEUR

Oui, monseigneur.

CLAUDIO, *lisant un parchemin.*

Immolée par la calomnie
Fut Héro qui repose ici.
Mort, en acquis des torts soufferts
Gloire éternelle lui confère :
Sa vie que l'opprobre tua
Vit dans la mort avec éclat.

Il suspend le rouleau.

Célébrez, mes vers, son tombeau,
Quand la voix m'aura fait défaut.

Maintenant, jouez, musiciens, et chantez votre hymne solennel.

Balthazar chante.

Absous, déesse de la nuit,
Ceux qui tuèrent ta vestale :
Voici que, de leurs chants contrits,
Ils viennent saluer sa dalle.
Minuit, aide-nous à frémir,
Assiste nos pleurs, nos soupirs,
    D'un glas, d'un glas !

        Graves, yawn and yield your dead,
        Till death be utteréd,
            Heavily, heavily.

                        CLAUDIO

    Now, unto thy bones good night.
    Yearly will I do this rite.

                        DON PEDRO

    Good morrow masters, put your torches out.
        The wolves have preyed, and look, the gentle day,
    Before the wheels of Phœbus, round about
        Dapples the drowsy east with spots of grey:
    Thanks to you all, and leave us. Fare you well.

                        CLAUDIO

    Good morrow masters—each his several way.
                            The musicians leave the church-yard.

                        DON PEDRO

    Come let us hence, and put on other weeds,
    And then to Leonato's we will go.

                        CLAUDIO

    And Hymen now with luckier issue speeds,
    Than this for whom we rendred up this woe!
                                                [they go.

Libérez, tombes, vos défunts,
Pour qu'ils scandent sa mort sans fin,
    D'un glas, d'un glas !

CLAUDIO

Bonne nuit, cendres bien-aimées.
Pour vous, ce rite chaque année.

DON PÉDRO

Adieu, mes amis ! Éteignez vos torches. Les loups se retirent avec leur proie, et, voyez, l'aimable jour, précédant le char de Phébus, pommèle de taches grises l'Orient assoupi. Merci à tous, laissez-nous. Adieu.

CLAUDIO

Que chacun rentre chez soi. Adieu, messieurs.
Les musiciens quittent le cimetière.

DON PÉDRO

Partons, allons changer nos vêtements de deuil, et puis rendons-nous chez Léonato.

CLAUDIO

Ah, qu'Hymen maintenant vole vers un meilleur terme que celui auquel nous venons de rendre un tribut funèbre !

Ils sortent.

[V, 4.]

The hall in Leonato's house; musicians seated in the gallery.

LEONATO, ANTONIO, BENEDICK *and* FRIAR FRANCIS *enter, followed by* HERO, BEATRICE, MARGARET *and* URSULA, *who talk apart.*

FRIAR

Did I not tell you she was innocent?

LEONATO

So are the prince and Claudio, who accused her
Upon the error that you heard debated:
But Margaret was in some fault for this,
Although against her will, as it appears
In the true course of all the question.

ANTONIO

Well, I am glad that all things sort so well.

BENEDICK

And so am I, being else by faith enforced
To call young Claudio to a reckoning for it.

LEONATO [*turns*]

10 Well daughter, and you gentlewomen all,
Withdraw into a chamber by yourselves,
And when I send for you come hither masked...

[*the ladies go out.*

The prince and Claudio promised by this hour

SCÈNE IV

*Dans la maison de Léonato. Des musiciens
sont assis dans la galerie.*

LÉONATO, ANTONIO, BÉNÉDICT *et le* FRÈRE FRANÇOIS. *Ils sont suivis par* HÉRO, BÉATRICE, MARGUERITE *et* URSULE.

LE FRÈRE

Ne vous avais-je pas dit qu'elle était innocente?

LÉONATO

Innocents aussi le prince et Claudio, qui l'ont accusée à la suite de la méprise qu'on vous a contée. Mais Marguerite est quelque peu coupable en ceci, bien qu'elle n'en ait pu mais, comme il est apparu quand on a instruit toute l'affaire.

ANTONIO

Ma foi, je suis content que tout s'arrange si bien.

BÉNÉDICT

Et moi aussi, sans quoi j'étais contraint par l'honneur à demander raison au jeune Claudio.

LÉONATO

Eh bien, ma fille, et vous toutes, mes nobles dames, retirez-vous à l'écart dans une chambre, et ne revenez que masquées, à mon appel...

Les dames sortent.

Voici l'heure où le prince et Claudio m'ont promis

To visit me. You know your office, brother—
You must be father to your brother's daughter,
And give her to young Claudio.

ANTONIO

Which I will do with confirmed countenance.

BENEDICK

Friar, I must entreat your pains, I think.

FRIAR

To do what, signior?

BENEDICK

20 To bind me, or undo me—one of them:
Signior Leonato, truth it is, good signior,
Your niece regards me with an eye of favour.

LEONATO

That eye my daughter lent her. 'Tis most true.

BENEDICK

And I do with an eye of love requite her.

LEONATO

The sight whereof I think you had from me,
From Claudio, and the prince. But what's your will?

BENEDICK

Your answer, sir, is enigmatical:
But for my will, my will is your good will
May stand with ours, this day to be conjoined

leur visite. Vous connaissez votre rôle, mon frère : vous devez servir de père à la fille de votre frère et la donner au jeune Claudio.

ANTONIO

Ce que je ferai d'un visage impassible.

BÉNÉDICT

Mon frère, je devrai recourir, je crois, à vos services.

LE FRÈRE

En quoi puis-je vous servir, signor ?

BÉNÉDICT

A me lier ou à m'envoyer pendre[53], je ne sais lequel des deux ! Signor Léonato, la vérité est, mon bon seigneur, que votre nièce me voit d'un œil favorable.

LÉONATO

Ma fille lui a prêté cet œil-là, rien de plus vrai.

BÉNÉDICT

Et moi je lui réponds d'un œil amoureux.

LÉONATO

Lequel, m'est avis, vous tenez de moi, de Claudio et du prince ; mais que désirez-vous ?

BÉNÉDICT

Vous me répondez, monsieur, par une énigme : mais mon désir, c'est que, mon désir concordant avec votre bon plaisir, nous soyons unis aujourd'hui par les

324   MUCH ADO ABOUT NOTHING

30 In the state of honourable marriage—
In which, good friar, I shall desire your help.

LEONATO

My heart is with your liking.

FRIAR

And my help.
Here comes the prince and Claudio.
*Don Pedro and Claudio enter with two or three
other lords.*

DON PEDRO

Good morrow to this fair assembly.

LEONATO

Good morrow prince, good morrow Claudio:
We here attend you.   Are you yet determined
To-day to marry with my brother's daughter?

CLAUDIO

I'll hold my mind, were she an Ethiope.

LEONATO

Call her forth, brother.   Here's the friar ready.
[*Antonio goes.*

DON PEDRO

40 Good morrow Benedick.   Why, what's the matter,
That you have such a February face,
So full of frost, of storm, and cloudiness?

honnêtes liens du mariage... c'est en quoi, bon frère, je demande votre assistance.

LÉONATO

Je suis de cœur avec votre désir.

LE FRÈRE

Mon aide vous est acquise. Voici le prince et Claudio.

Entrent Don Pédro et Claudio avec deux ou trois autres gentilshommes.

DON PÉDRO

Bonjour à cette belle assemblée.

LÉONATO

Bonjour, Prince; bonjour, Claudio. Nous sommes à vos ordres. Êtes-vous toujours décidé à épouser aujourd'hui la fille de mon frère?

CLAUDIO

Je tiendrai parole, fût-elle éthiopienne.

LÉONATO

Appelez-la, mon frère. Le moine est prêt.

Sort Antonio.

DON PÉDRO

Bonjour, Bénédict. Mais que se passe-t-il? D'où vous vient ce visage de février, chargé de frimas, de tempête et de brouillard[54]?

CLAUDIO

I think he thinks upon the savage bull:
Tush, fear not, man, we'll tip thy horns with gold,
And all Europa shall rejoice at thee,
As once Europa did at lusty Jove,
When he would play the noble beast in love.

BENEDICK

Bull Jove, sir, had an amiable low—
And some such strange bull leaped your father's cow,
And got a calf in that same noble feat,
Much like to you, for you have just his bleat.

Antonio returns, with the ladies masked.

CLAUDIO

For this I owe you: here comes other reck'nings...
Which is the lady I must seize upon?

ANTONIO

This same is she, and I do give you her.

CLAUDIO

Why, then she's mine.   Sweet, let me see your face.

LEONATO

No, that you shall not, till you take her hand
Before this friar, and swear to marry her.

CLAUDIO

Give me your and before this holy friar—
I am your husband if you like of me.

CLAUDIO

Je pense, je pense au taureau sauvage. Bah, ne crains rien, ami, nous te dorerons les cornes et l'Europe entière se réjouira à ta vue, comme jadis Europe à la vue du voluptueux Jupin, quand par amour il joua la noble bête.

BÉNÉDICT

Le taureau Jupiter, monsieur, avait un aimable mugissement. Mais quelque taureau non moins étrange a dû saillir la vache de votre père et par ce noble exploit lui faire un veau à qui vous ressemblez fort, car vous meuglez tout à fait comme lui.

Rentre Antonio accompagné des dames masquées.

CLAUDIO

Je vous revaudrai cela. Mais nous avons d'autres comptes à régler... Quelle est la dame dont je dois m'emparer ?

ANTONIO

Celle que voici, et je vous la donne.

CLAUDIO

Elle est donc mienne. Belle, montrez-moi votre visage.

LÉONATO

Non ! Vous ne le verrez pas avant d'avoir pris sa main devant ce religieux, et juré d'être son époux.

CLAUDIO

Donnez-moi votre main devant ce saint frère : je suis votre époux si vous voulez de moi.

HERO

And when I lived I was your other wife—

[she unmasks.

And when you loved, you were my other husband.

CLAUDIO

Another Hero!

HERO

Nothing certainer...
One Hero died defiled, but I do live,
And surely as I live, I am a maid.

DON PEDRO

The former Hero! Hero that is dead!

LEONATO

She died, my lord, but whiles her slander lived.

FRIAR

All this amazement can I qualify.
When after that the holy rites are ended,
I'll tell you largely of fair Hero's death,
Meantime let wonder seem familiar,
And to the chapel let us presently.

BENEDICK

Soft and fair, friar. Which is Beatrice?

BEATRICE

I answer to that name. [*unmasks*] What is your will?

HÉRO

Je fus quand je vivais votre première femme...

Elle enlève son masque.

Vous fûtes quand vous m'aimiez, mon premier époux.

CLAUDIO

Une seconde Héro !

HÉRO

Rien de plus vrai... Une Héro est morte d'avoir été souillée, mais moi, je vis ; et aussi vrai que je vis, je suis pure.

DON PÉDRO

La première Héro ! Héro qui était morte !

LÉONATO

Sa mort n'a duré, monseigneur, que le temps de vie de sa honte.

LE FRÈRE

Je puis calmer votre stupeur : quand la sainte cérémonie sera terminée, je vous conterai en détail la mort de la belle Héro. Jusque-là tenons le merveilleux pour familier, et rendons-nous de ce pas à la chapelle.

BÉNÉDICT

Tout doux, mon frère. Laquelle est Béatrice ?

BÉATRICE

Je réponds à ce nom *(elle se démasque)*. Que me voulez-vous ?

BENEDICK

Do not you love me?

BEATRICE

Why no, no more than reason.

BENEDICK

Why then your uncle, and the prince, and Claudio.
Have been deceived, for they swore you did.

BEATRICE

Do not you love me?

BENEDICK

Troth no, no more than reason.

BEATRICE

Why then my cousin, Margaret, and Ursula,
Are much deceived, for they did swear you did.

BENEDICK

80 They swore that you were almost sick for me.

BEATRICE

They swore that you were well-nigh dead for me.

BENEDICK

'Tis no such matter.   Then, you do not love me?

BÉNÉDICT

Ne m'aimez-vous pas?

BÉATRICE

Mais non, pas plus que de raison.

BÉNÉDICT

Eh bien alors, votre oncle, et le prince, et Claudio se sont trompés, car ils ont juré que vous m'aimiez.

BÉATRICE

Ne m'aimez-vous pas?

BÉNÉDICT

Ma foi, non, pas plus que de raison.

BÉATRICE

Eh bien alors, ma cousine, et Marguerite, et Ursule se sont bien trompées, car elles ont juré que vous m'aimiez.

BÉNÉDICT

Ils ont juré que vous étiez presque malade d'amour pour moi.

BÉATRICE

Elles ont juré que vous étiez quasi mort d'amour pour moi.

BÉNÉDICT

Point du tout. Donc, vous ne m'aimez pas?

BEATRICE

No, truly, but in friendly recompense.

LEONATO

Come cousin, I am sure you love the gentleman.

CLAUDIO

And I'll be sworn upon't, that he loves her,
For here's a paper written in his hand,
A halting sonnet of his own pure brain,
Fashioned to Beatrice.

HERO

And here's another,
Writ in my cousin's hand, stol'n from her pocket,
Containing her affection unto Benedick.

BENEDICK

A miracle! here's our own hands against our hearts... Come, I will have thee—but by this light I take thee for pity.

BEATRICE

I would not deny you—but by this good day I yield upon great persuasion, and partly to save your life, for I was told you were in a consumption.

BENEDICK

Peace, I will stop your mouth.

[he kisses her.

BÉATRICE

Non vraiment, sinon par échange d'amitié.

LÉONATO

Voyons, ma nièce, je suis sûr que vous aimez ce gentilhomme.

CLAUDIO

Et moi je jurerais qu'il est amoureux d'elle, car voici un papier écrit de sa main : c'est un sonnet boiteux, issu tout droit de sa propre cervelle, en l'honneur de Béatrice.

HÉRO

Et en voici un autre, que j'ai volé dans la poche de ma cousine : il est écrit de sa main à elle et dit toute la tendresse que lui inspire Bénédict.

BÉNÉDICT

Miracle ! Voici que nos propres mains déposent contre nos cœurs !... Allons, je veux bien de toi, mais par le jour qui brille, je te prends par compassion.

BÉATRICE

Je ne voudrais pas te refuser, mais, j'en atteste ce beau ciel, je ne cède qu'à force de persuasion et en partie pour te sauver la vie, car on m'a dit que tu allais expirer de consomption.

BÉNÉDICT

Paix ! Je te fermerai la bouche !

Il l'embrasse.

DON PEDRO

How dost thou, Benedick the married man?

BENEDICK

I'll tell thee what, prince: a college of wit-crackers cannot flout me out of my humour. Dost thou think I care for a satire or an epigram? no, if a man will be beaten with brains, a' shall wear nothing handsome about him... In brief, since I do purpose to marry, I will think nothing to any purpose that the world can say against it—and therefore never flout at me for what I have said against it: for man is a giddy thing, and this is my conclusion... For thy part, Claudio, I did think to have beaten thee, but in that thou art like to be my kinsman, live unbruised, and love my cousin.

CLAUDIO

I had well hoped thou wouldst have denied Beatrice, that I might have cudgelled thee out of thy single life, to make thee a double-dealer—which out of question thou wilt be, if my cousin do not look exceeding narrowly to thee

BENEDICK

Come, come, we are friends. Let's have a dance ere we are married, that we may lighten our own hearts, and our wive's heels.

LEONATO

We'll have dancing afterward.

DON PÉDRO

Comment vas-tu, Bénédict, l'homme marié ?

BÉNÉDICT

Veux-tu que je te dise, prince : tout un collège de faiseurs de lazzi ne sauraient par leurs pointes me faire changer d'humeur. Crois-tu que je me soucie d'une satire ou d'une épigramme ? Non, un homme qui redoute d'être percé de mots d'esprit n'osera même pas porter un bel habit. Bref, puisque j'ai décidé de me marier, je tiendrai pour nul ce qu'on pourra dire à l'encontre — ne me raillez donc pas de ce que moi-même ai dit là contre. L'homme est un être inconstant : telle est ma conclusion. Quant à toi, Claudio, je comptais bien t'étriller, mais puisque nous allons devenir parents, vis indemne de meurtrissures et aime ma cousine !

CLAUDIO

J'espérais bien que tu refuserais Béatrice, pour avoir l'occasion de te faire troquer à coups de bâton ta vie solitaire contre une double vie... laquelle tu vas mener sans aucun doute si ma cousine ne te surveille pas d'extrêmement près.

BÉNÉDICT

Allons, allons, nous sommes amis. Dansons avant de nous marier pour alléger nos cœurs et les talons de nos femmes.

LÉONATO

Nous danserons après.

BENEDICK

First, of my word—therefore play music. Prince,
thou art sad—get thee a wife, get thee a wife. There
is no staff more reverend than one tipped with horn.

A messenger enters.

MESSENGER

My lord, your brother John is ta'en in flight,
And brought with armed men back to Messina.

BENEDICK

Think not on him till to-morrow. I'll devise thee
brave punishments for him... Strike up, pipers!

Music and dance.

BÉNÉDICT

Avant, ma parole ! Jouez donc, musiciens ! Prince, tu es triste : prends femme, prends femme. Point de bâton plus vénérable que le bâton à crosse de corne.

Entre un messager.

LE MESSAGER

Monseigneur, votre frère Don Juan vient d'être arrêté comme il fuyait et ramené à Messine par des hommes d'armes.

BÉNÉDICT

Oublions-le jusqu'à demain. Je t'inventerai pour lui quelque bon châtiment... Attaquez, les pipeaux !

Musique et danse.

NOTES DU TRADUCTEUR

1. *le signor Bravaccio*. Béatrice insinue que Bénédict est un fanfaron. Shakespeare emploie le mot italien *mountanto* qui en escrime désigne une botte portée de bas en haut.

2. *tir à la volée... carreau d'arbalète*. Le premier terme désigne le tir à l'arc à longue distance, le plus difficile ; le second une flèche de bois émoussée employée pour tuer de près les petits oiseaux sans abîmer leur plumage. Le carreau d'arbalète était la seule arme permise aux bouffons.

3. *ses cinq esprits* : les cinq sens (cf. Chaucer, *Récit du Curé*) et par analogie : le bon sens, la mémoire, l'imagination, la fantaisie, le jugement. (Cf. *Roméo et Juliette*, I, 4, 47.)

4. *distinction* : angl. *difference*, terme de blason, détail qui permettait de distinguer la branche cadette d'une famille de la branche aînée, ou l'écuyer de son seigneur.

5. *frère juré* : « fratres jurati », chevaliers qui s'engageaient par serment à se porter secours en toutes circonstances.

6. *la façon de son chapeau* : Béatrice emploie le mot *block* qui est le billot de bois employé par le chapelier pour mouler le feutre, et par conséquent modifier la forme du chapeau.

7. *s'il a attrapé le Bénédict*. Béatrice parle de Bénédict comme d'une maladie. On ne trouve trace d'aucune affection qui porte un nom proche, mais comme il existait un exorciseur appelé Bénédict (ou Benêt), Béatrice fait peut-être allusion à quelque forme de la folie.

8. *si fort qu'elle lui ressemble* : elle ne voudrait pas avoir ses cheveux gris, sa barbe grise... Nous avons ajouté le mot *chenue* pour préciser l'idée que l'équivoque du possessif rend plus difficilement saisissable en français.

9. *porter chapeau sans éveiller les soupçons* : sans être soupçonné de dissimuler ses cornes. Cf. Painter, *Palace of Pleasure* (1569) « Tous ceux qui portent cornes sont excusés de garder leur chapeau sur la tête. »

10. *le vieux conte* : Bénédict cite une histoire assez horrible, fort connue à l'époque et dont le héros est une sorte de Barbe-Bleue.

11. *un invisible baudrier* : allusion assez obscure à la façon de porter ses cornes (de cocu) franchement, sur le front, ou discrètement, sans que personne le sache (« cor » (de chasse) ou « corne » étant en anglais le même mot : *horn*).

12. *en fin de compte* : il y a là un jeu de mots impossible à rendre (sur *fine* : conclusion, *to go the finer* : trouver son compte). Une sorte d'insistance, de répétition en tient lieu.

13. *l'Adam des archers* : dans les vieilles ballades, Adam Bell est aussi célèbre pour son adresse à l'arc que Robin Hood, cet autre outlaw. (Cf. Percy's *Reliques*).

14. *Le six juillet* : les trois amis reprennent, en s'en moquant, les formules banales par lesquelles on terminait les lettres à cette époque.

15. *parfumeur* : pour assainir les appartements, on avait recours aux fumigations. Burton, dans son *Anatomy of Melancholy*, parle du genièvre qu'on brûle dans les chambres à Oxford.

16. *l'aîné de madame* : il ne s'agit naturellement ni d'un certain fils aîné, ni d'une certaine dame : l'expression est proverbiale.

17. *mener ses singes en enfer* : phrase proverbiale appliquée aux vieilles filles. Pour avoir refusé de porter des enfants sur terre, elles devaient garder des singes en enfer.

18. *promenade* : au début de la danse et avant que la musique ait attaqué l'air, les couples se formaient et faisaient le tour de la salle, puis se mettaient en place.

19. *que le luth ressemble à son étui* : que votre visage ressemble à votre masque. Les masques étaient grotesques.

20. *de chaume* : allusion à la visite de Jupiter au vieux couple, Philémon et Baucis, dans leur chaumière. Cf. Ovide (*Métamorphoses*, viii, 630) '*Parva quidem, stipulis et canna tecta palustri*'. Peut-être, en outre, est-ce une allusion malicieuse de Héro à la tête chauve de Don Pédro.

21. *les Cent contes joyeux*, recueil d'anecdotes et plaisanteries indécentes publié en 1526 par John Rastell.

22. *qu'il navigue par là* : Béatrice désigne par le mot *fleet* (flotte), le cortège des danseurs qui tournent lentement autour de la pièce. D'où l'idée d'abordage.

23. *Jusqu'au saule pleureur...* Le saule pleureur est le symbole de l'amour malheureux. On voyait à l'église les filles et les garçons délaissés par le couple qui se mariait parés de guirlandes de saule.

24. *vous frappez en aveugle...* Allusion au roman espagnol de Hurtado de Mendoza, 1554, où Lazarillo de Tormes vole la nourriture de son maître aveugle.

25. *comme le marqueur à la cible...* Dans le tir à longue distance (à la volée), le rôle du marqueur était d'indiquer à l'archer l'endroit où la flèche était tombée. Il se tenait près du but, donc fort exposé.

26. *Le Prêtre Jean* : roi imaginaire possédant un empire fabuleux qu'on suppose être l'Abyssinie ou les Indes Orientales. Son nom apparaît dès le XIIe siècle dans les légendes les plus répandues en Europe.

27. *mon teint se bronze...* Laisser brunir sa peau était pour les dames de cette époque perdre sa beauté, aussi portaient-elles des masques de velours lorsqu'elles se promenaient à cheval par exemple. (*Shakespeare's England*, ii, 97).

28. *le voilà devenu grand maître en orthographe.* Le mot « orthographe » semble exprimer un souci nouveau au XVIᵉ siècle. On trouve dans *Peines d'amour perdues* (v. I, 14-22) un petit discours d'Holopherne sur les « écorcheurs d'orthographe »; Bénédict dit littéralement « mué en orthographe » (*turned orthography*) de même qu'Armado (dans *Peines d'amour perdues* I, 2, 158) parle de se « muer en sonnet » (*turn sonnet*).

29. *ce renard caché* : allusion à un jeu d'enfant : all hid, all hid (tous cachés) qui correspond au jeu français : Promenons-nous dans les bois, pendant que le loup n'y est pas... Loup, y es-tu? M'entends-tu?

30. *aère ton air...* Trois répliques de Don Pédro et Balthazar contiennent une série de jeux de mots impossibles à rendre en français sur *note* : note de musique, *note* : noter, *nought* : rien, etc. amenés par la similitude des sons et dont le sens général demeure obscur.

31. *à l'affût, à l'affût !... l'oiseau est posé.* Chasse dans laquelle on traque la bête d'affût en affût en se servant parfois d'un paravent fait d'un cheval peint sur toile ou bois, derrière lequel le chasseur se dissimule (*Stalking-horse*).

32. *autant qu'Hector.* Hector était à l'époque élizabéthaine la personnification du bravache tonitruant.

33. *elle ne le récitât à rebours.* Allusion à la pratique courante chez les sorcières d'évoquer le diable en récitant les prières à rebours.

34. *Pends-la d'abord, tu la tireras ensuite.* Les barbiers pendaient, en guise d'enseigne, dans leur vitrine les dents qu'ils avaient arrachées. Claudio joue sur : pendre, tirer, écarteler, châtiments des criminels.

35. *ils risqueraient d'être sauvés corps et âme :* Cornouille et Verjus s'appliquent à employer de grands mots qu'ils déforment. Ils ont le monopole du « pataquès ».

36. *Houilledemer :* on appelait ainsi le charbon apporté de Newcastle par mer, pour le distinguer du charbon de bois. L'homme qui porte ce nom est sans doute un petit marchand de charbon que son commerce oblige à savoir lire et écrire.

37. *que l'on enferme étroitement.* Dans ces répliques, Borachio et Conrad emploient les mots dans un sens double ou triple. *Bill* : hallebarde, et *bill* : billet à ordre; *to take up* : procéder à une arrestation, *to take up* : obtenir à crédit; *in question* : de qualité douteuse, ou suspecte; *in question* : demandée, recherchée (marchandise); *in question* : sous le coup de poursuites judiciaires.

38. *la nouvelle coiffure que vous avez là-bas :* nous suivons la leçon de l'éditeur qui interprète *within* comme *in the inner room*.

39. *ils commencent tous trois par : hais :* nous avons adopté cet « à peu près » (é = hais) pour préparer l'épithète de « Turque renégate » qui vient dans la réplique suivante. Le jeu de mots de Béatrice

portant sur la prononciation de la lettre H ne pouvait se rendre en français.

40. *C'est avoir pris froid :* l'anglais est beaucoup plus déshonnête encore par un jeu de mots intraduisible.

41. *Carduus Benedictus :* sorte de centaurée qui passait alors pour une panacée. On l'appelait aussi *omnimorbia*. Le jeu de mots est évident.

42. *net... autant que la peau de son front :* les criminels étaient marqués au front.

43. *pour vous marier avec cette dame.* Il y a là une équivoque qu'on ne peut pas rendre, *to marry* signifiant à la fois « marier » et « se marier ».

44. *quelle Héro tu aurais été :* Héro, l'amante de Léandre, personnifiait la loyauté.

45. *je n'ai gardé si longtemps le silence :* Il y a ici une phrase inachevée, incomplète, ou superflue. Est-elle un fragment de passage supprimé, oublié là par l'auteur, ou au contraire introduit par un correcteur ? Le même flottement se produit à l'acte V (I, 106-108) au départ de Léonato et d'Antonio.

46. *ce comte Confit !* Mot à mot : fruit confit. Jeu de mots sur *count* qui signifie à la fois « conte », « compte » et « comte », et sur *comfect :* à la fois « confiserie » et « habilement truqué », « déguisé ».

47. *Je réussirai à me faire entendre.* Cf. note 45.

48. *Dieu le vit... dans le jardin.* Référence à Genèse, iii, 8.

49. *elle ne pourra plus peser de raisins :* déformation de « raison ».

50. *Dieu bénisse les fondateurs !* Remerciement rituel des mendiants qui tendaient la main à la porte d'institutions religieuses. Cornouille révèle, par ces mots qui lui échappent, ses vrais moyens d'existence. Il s'est vanté (IV, 2, 76) d'avoir du bien.

51. *vous devrez bien visser la pointe.* Il s'agit du bouclier rond qui comportait une pointe vissée en son milieu. On pouvait la détacher et l'employer comme arme. L'allusion de Bénédict est, naturellement, érotique.

52. *l'époque des bons voisins :* ils vous faisaient une bonne réputation, et vous n'aviez pas besoin de chanter vos propres louanges.

53. *A me lier ou à m'envoyer pendre.* Benedict emploie les mots *bind* : lier, et *undo* : délier, mais aussi ruiner, détruire, perdre à tout jamais.

54. *de tempête et de brouillard.* Bénédict n'a pas encore vidé sa querelle avec Claudio, il sait que Claudio a été trompé, mais il reste à jouer la comédie de la « nièce » de Léonato.

BIBLIOGRAPHIE

Éditions de référence en anglais

BATE, Jonathan et RASMUSSEN, Eric (éds.), *Much Ado About Nothing*, Londres, The Random House, « The Royal Shakespeare Company », 2009.

COX, John F. (éd.), *Much Ado About Nothing*, Cambridge, Cambridge University Press, « Shakespeare in Production », 1998.

FOAKES, R.A. (éd.), *Much Ado About Nothing*, Harmondsworth, The New Penguin Shakespeare, 1968.

FREEMAN, Neil (éd.), *Much Ado About Nothing*, New York, Applause First Folio Edition, 2001.

HUMPHREYS, A.R. (éd.), *Much Ado About Nothing*, Londres, Methuen, « The Arden Shakespeare » [1981], 2003.

MARES, F.H. (éd.), *Much Ado About Nothing*, Cambridge, Cambridge University Press, « New Cambridge Shakespeare », 1988.

MCEACHERN, Claire (éd.), *Much Ado About Nothing*, Londres, Cengage Learning, « Arden Third Series », 2005.

MOWAT, Barbara A. et WERSTINE Paul (éds.), *Much Ado About Nothing*, New York, Washington Square Press, « The Folger Shakespeare Library », 1995.

ZITNER, S.P. (éd.), *Much Ado About Nothing*, Oxford, Oxford University Press, « Oxford Shakespeare », 1993.

Principales traductions en français

BOURNET, Daniel et Geneviève (trads.), *Beaucoup de bruit pour rien*, in Shakespeare, *Théâtre complet*, Lausanne, L'Âge d'Homme, t. V, 1993.

DELANNOI, Gil (trad.), *Le Songe d'une nuit d'été, Beaucoup de bruit pour rien*, Paris, Berg International, 2015.

DÉPRATS, Jean-Michel (trad.), *Beaucoup de bruit pour rien*, analyse, documents et notes d'Anny Crunelle Vanrigh, Paris, Éditions théâtrales, 2004.
GUIZOT, François (trad.), *Beaucoup de bruit pour rien*, in Shakespeare, *Œuvres complètes II*, Paris, Didier, 1864.
HUGO, François-Victor (trad.), *Beaucoup de bruit pour rien*, Paris, GF-Flammarion, 1964.
LAROCHE, Benjamin (trad.), *Beaucoup de bruit pour rien*, in Shakespeare, *Œuvres complètes III*, Paris, Gosselin, 1842.
LEYRIS, Pierre (trad.), *Henri IV, Beaucoup de bruit pour rien*, édition bilingue, Paris, Le Club français du livre, 1967.
MARKOWICZ, André (trad.), *Beaucoup de bruit pour rien*, Arles, Actes Sud, 2003.
MARKOWICZ, André (trad.), *Beaucoup de bruit pour rien*, Paris, Les Solitaires intempestifs, 2015.
MONOD, Sylvère (trad.), *Beaucoup de bruit pour rien*, in William Shakespeare, *Œuvres complètes (Comédies II)*, éds. Michel Grivelet et Gilles Monsarrat, Paris, Robert Laffont, « Bouquins », 2000.
MONTÉGUT, Émile (trad.), *Beaucoup de bruit pour rien*, in Shakespeare, *Œuvres complètes II*, Paris, Hachette, 1867.

Principaux articles et ouvrages sur Shakespeare

AXELRAD, José et WILLEMS Michèle, *Shakespeare et le théâtre élisabéthain*, Paris, PUF, « Que sais-je ? » [1964], 1968.
BONNEFOY, Yves, *Shakespeare : théâtre et poésie*, Paris, Gallimard, 2014.
BROOK, Peter, *La Qualité du pardon : réflexions sur Shakespeare*, trad. Jean-Claude Carrière, Paris, Seuil, 2014.
CAVELL, Stanley, *Le Déni de savoir dans six pièces de Shakespeare*, trad. Jean-Pierre Maquerlot, Paris, Seuil, 1993.
DUNSIBERRE, Juliet, *Shakespeare and the Nature of Women*, New York, Barnes, 1975.
EDWARDS, Michael, *Shakespeare, le poète au théâtre*, Paris, Fayard, 2009.
FLUCHÈRE, Henri, *Shakespeare, dramaturge élisabéthain*, Paris, Gallimard, 1966.
GOY-BLANQUET, Dominique, *Shakespeare et l'invention de l'histoire. Guide commenté du théâtre historique*, Paris, Classiques Garnier, « Études et essais sur la Renaissance », 2014.
GREENBLATT, Stephen, *Will le magnifique*, trad. Marie-Anne de Béru, Paris, Flammarion, 2014.
JONES-DAVIES, Marie-Thérèse, *Shakespeare : le théâtre du monde*, Paris, Balland, 1987.

Kott, Jan, *Shakespeare notre contemporain*, préface de Peter Brook, trad. Anna Posner, Paris, Payot, « Petite bibliothèque Payot », 2006.
Laroque, François, *Shakespeare et la fête. Essai d'archéologie du spectacle dans l'Angleterre élisabéthaine*, Paris, PUF, 1988.
Laroque, François, *Shakespeare comme il vous plaira*, Paris, Gallimard, « Découvertes Gallimard », 1991.
Maguin, Jean-Marie et Angela, *William Shakespeare*, Paris, Fayard, 1996.
Marienstras, Richard, *Le Proche et le lointain. Sur Shakespeare, le drame élisabéthain et l'idéologie anglaise aux XVIe et XVIIe siècles*, Paris, Éditions de Minuit, 1981.
Mayette-Holtz, Muriel (éd.), *William Shakespeare*, L'Avant-scène théâtre, « Les nouveaux cahiers de la Comédie-Française », 2014.
Schoenbaum, Samuel, *Shakespeare : A Documentary Life*, Oxford, Oxford University Press, 1975.
Smith, Emma, *The Cambridge Introduction to Shakespeare*, Cambridge, Cambridge University Press, 2007.
Suhamy, Henri, *Le Vers de Shakespeare*, Paris, Didier Érudition, 1984.

Principaux articles et ouvrages sur Beaucoup de bruit pour rien

Allen, John A., « Dogberry », *Shakespeare Quarterly*, n° 24, 1973, p. 35-53.
Berger, Harry Jr., « Against the Sink-a-Pace : Sexual and Family Politics in *Much Ado About Nothing* », *Shakespeare Quarterly*, n° 33, 1982, p. 302-313.
Bloom, Harold, *Bloom's Shakespeare Through the Ages : Much Ado About Nothing*, New York, Infobase Publishing, 2010.
Brown, John Russell (éd.), *Shakespeare : Much Ado About Nothing and As You Like It. A Casebook*, Londres, Macmillan, 1979.
Calder, David, « Restaging Reception : Translating the *mélange des genres* in *Beaucoup de bruit pour rien* », in *Shakespeare beyond English : A Global Experiment*, éds. Susan Bennett et Christie Carson, Cambridge, Cambridge University Press, 2013, p. 292-297.
Chiari, Sophie, « Préface », in Shakespeare, *Œuvres complètes* (*Les Jaloux I : Troilus et Cressida, Beaucoup de bruit pour rien*), Paris, RBA France, 2015, p. 9-12.
Cook, David, « "The Very Temple of Delight" : The Twin Plots of *Much Ado About Nothing* », in *Poetry and Drama 1570-1700 : Essays in Honour of Harold F. Brooks*, éds.

Antony Coleman et Antony Hammond, Londres, Methuen, 1981, p. 32-46.
COOK, Carol, « "The Sign and Semblance of Her Honor" : Reading Gender Difference in *Much Ado About Nothing* », *PMLA*, vol. 101, n° 2, mars 1986, p. 186-202.
CRUNELLE-VANRIGH, Anny, « Observer et obéir », in *Beaucoup de bruit pour rien*, trad. Jean-Michel Déprats, Paris, Éditions théâtrales, 2004, p. 119-157.
DAVIS, Walter (éd.), *Twentieth-Century Interpretations of Much Ado About Nothing*, New Jersey, Englewood Cliffs, Prentice-Hall, 1969.
DAWSON, Anthony, « Much Ado About Signifying », *Studies in English Literature*, vol. 22, n° 2, 1982, p. 211-221.
DENNIS, Carl, « Wit and Wisdom in *Much Ado About Nothing* », *Studies in English Literature, 1500-1900*, vol. 13, n° 2 (*Elizabethan and Jacobean Drama*), printemps 1973, p. 223-237.
DOBRANSKI, Stephen B. « Children of the Mind : Miscarried Narratives in *Much Ado About Nothing* », *Studies in English Literature*, vol. 38, n° 2, 1998, p. 233-250.
DRAKAKIS, John, « Trust and Transgression : The Discursive Practices of *Much Ado About Nothing* », in *Post-Structuralist Readings of Poetry*, éds. Richard Machin et Christopher Norris, Cambridge, Cambridge University Press, 1987, p. 59-84.
EDWARDS, Michael, *Shakespeare et la comédie de l'émerveillement*, Paris, Desclée de Brouwer, 2003, chap. « *Beaucoup de bruit pour rien* », p. 151-182.
EVERETT, Barbara, « *Much Ado About Nothing* : The Unsociable Comedy », in *English Comedy*, éds. Michael Cordner, Peter Holland et John Kerrigan, Cambridge, Cambridge University Press, 1994, p. 68-84.
FINDLAY, Alison, « *Much Ado About Nothing* », in *The Blackwell Companion to Shakespeare : The Comedies*, éds. Jean E. Howard et Richard Duton, Oxford, Blackwell, 2003, p. 393-410.
FINDLAY, Alison, *Much Ado About Nothing : A Guide to the Text and Play in Performance*, New York, Palgrave Macmillan, 2011.
FRIEDMAN, Michael D., « "Hush'd on Purpose to Grace Harmony" : Wives and Silence in *Much Ado About Nothing* », *Theater Journal*, vol. 42, n° 3, octobre 1990, p. 350-363.
GAY, Penny, « *Much Ado About Nothing* : A King of Merry War », in *As She Likes It : Shakespeare's Unruly Women*, Londres, Routledge, 1994, p. 143-177.

GIRARD, René, *Shakespeare, les feux de l'envie*, Paris, Grasset, 1990.

GUÉRON, Claire, « Rumour and Second-Hand Knowledge in *Much Ado About Nothing* », in *The Circulation of Knowledge in Early Modern English Literature*, éd. Sophie Chiari, Farnham, Ashgate, 2015, p. 93-103.

HAYS, J. « "Those soft and delicate desires" : *Much Ado* and the Distrust of Women », in *The Woman's Part : Feminist Criticism of Shakespeare*, éds. Carolyn Ruth Swift Lenz, Gayle Greene et Carol Thomas Neely, Urbana, University of Illinois Press, 1980, p. 79-99.

HENZE, Richard, « Deception in *Much Ado About Nothing* », *Studies in English Literature, 1500-1900*, vol. 11, n° 2 (*Elizabethan and Jacobean Drama*), printemps 1971, p. 187-201.

HUNT, Maurice, « The Reclamation of Language in *Much Ado About Nothing* », *Studies in Philology*, vol. 97, n° 2, printemps 2000, p. 165-191.

HOWARD, Jean, « Renaissance Antitheatricality and the Politics of Gender and Rank in *Much Ado About Nothing* », in *Shakespeare Reproduced*, éds. Jean Howard et Marion O'Connor, New York, Routledge, « Chapman and Hall », 1987, p. 163-187.

HUCKFELDT, Hélène, « La chanson de scène comme stratégie dramatique : l'exemple des comédies de Shakespeare », *Anglophonia*, n° 11 (*Musique et littératures : intertextualités*), Toulouse, Presses universitaires du Mirail, 2002, p. 203-208.

JONES-DAVIES, Margaret, « Préface », in *Beaucoup de bruit pour rien*, Paris, Les Solitaires intempestifs, 2015.

JORGENSEN, Paul A., « *Much Ado About Nothing* », *Shakespeare Quarterly*, vol. 5, été 1954, p. 287-295.

LEGGATT, Alexander, *Shakespeare's Comedy of Love*, Londres, Methuen, 1974, p. 151-183.

MCCOLLOM, William G., « The Role of Wit in *Much Ado About Nothing* », *Shakespeare Quarterly*, vol. 19, n° 2, printemps 1968, p. 165-174.

MUESCHKE, Paul et Miriam, « Illusion and Metamorphosis in *Much Ado About Nothing* », *Shakespeare Quarterly*, vol. 18, n° 1, hiver 1967, p. 53-65.

MYHILL, Nova, « Spectatorship in/of *Much Ado About Nothing* », *Studies in English Literature, 1500-1900*, vol. 39, n° 2 (*Tudor and Stuart Drama*), printemps 1999, p. 291-311.

PARKER, Patricia, « *Cymbeline's Much Ado about Nothing*, Noting, (K)not Knowing, and Nothus », *Actes des congrès de la Société française Shakespeare*, n° 31, 2014, p. 103-121.

PERRIN, Jean (ed.), *Shakespeare. Much Ado About Nothing*, Actes de Colloque, Grenoble, Université Stendhal, ELLUG, 1991.

PROUTY, Charles T., *The Sources of Much Ado about Nothing*, New Haven, Yale University Press, 1950.

SALKELD, Duncan, « Much Ado about Italians in Renaissance London », in *Shakespeare and the Italian Renaissance : Appropriation, Transformation, Opposition*, éd. Michele Marrapodi, Farnham, Ashgate, 2014, p. 305-316.

SMITH, John Hazel, « The Composition of the Quarto of *Much Ado About Nothing* », *Studies in Bibliography*, vol. 16, 1963, p. 9-26.

TAYLOR, Mark, « Presence and Absence in *Much Ado About Nothing* », *The Centennial Review*, vol. 3, n° 1, hiver 1989, p. 1-12.

TAYLOR, Michael, « *Much Ado About Nothing* : The Individual in Society », *Essays in Criticism*, n° 23, 1973, p. 146-153.

WAIN, John, « The Shakespearean Lie-Detector : Thoughts on *Much Ado About Nothing* », *Critical Quarterly*, n° 9, 1967, p. 27-42.

WALES, Julia Grace, « Shakespeare's Use of English and Foreign Elements in the Setting of *Much Ado About Nothing* », *Transactions of the Wisconsin Academy of Sciences, Arts, and Letters*, n° 28, 1933, p. 363-398.

WELLS, Stanley, « Editorial Treatment of Foul-Paper Texts : *Much Ado About Nothing* as a Test Case », *Review of English Studies*, n° 31, 1980, p. 1-16.

Principales adaptations à l'écran

BRANAGH, Kenneth (réalisateur), *Beaucoup de bruit pour rien*, 1993.

BURGE, Stuart (réalisateur), *Much Ado About Nothing*, BBC TV Shakespeare, 1984.

NICHOLLS, David (adaptation), *Much Ado About Nothing*, BBC Shakespeare Retold series, 2005.

WHEDON, Joss (réalisateur), *Beaucoup de bruit pour rien*, 2012

Principaux articles sur les adaptations à l'écran

BRANAGH, Kenneth, *Much Ado About Nothing by William Shakespeare : Screenplay, Introduction and Notes on the Making of the Movie*, New York, W.W. Norton, 1993.

DELEYTO, Celestino, « Men in Leather : Kenneth Branagh's *Much Ado About Nothing* and Romantic Comedy », *Cinema Journal*, vol. 36, n° 3, printemps 1997, p. 91-105.

HATCHUEL, Sarah, et BERTHOMIEU, Pierre, « "I could a tale unfold", I could a tale enlighten : Kenneth Branagh ou l'art de la clarté », in *Shakespeare et le cinéma*, *Actes des*

congrès de la Société française Shakespeare, n° 16, 1998, p. 131-140.
LANIER, Douglas M., « "Good lord, for alliance" : Joss Whedon's *Much Ado About Nothing* », *Représentations. Shakespeare aux États-Unis : les paradoxes de l'héritage*, éds. Ronan Ludot-Vlasak et Vincent Broqua, décembre 2014. URL : http://representations.u-grenoble3.fr/IMG/pdf/7._lanier_much_ado_def.pdf
LAROQUE, François, « La mise en scène de *Much Ado About Nothing* à la télévision », in *La Littérature anglo-américaine à l'écran*, éds. Gérard Hugues et Daniel Royot, Paris, Didier Érudition, 1993, p. 9-16.

TABLE

Préface 7
Notice 17

BEAUCOUP DE BRUIT POUR RIEN

Acte premier 27
Acte II 75
Acte III 153
Acte IV 221
Acte V 269

Notes du traducteur 339
Bibliographie 343

GF Flammarion

205533-I-2016 – Impression MAURY IMPRIMEUR, 45330 Malesherbes.
N° d'édition L.01EHPN000758.N001 – janvier 2016 – Printed in France.